AF314150

BIBLIOTHÈQUE DES ACTUALITÉS INDUSTRIELLES. — N 107

P. WILLEMS

INGÉNIEUR DES ARTS ET MANUFACTURES

LA SOIE
artificielle

CELLULOSE

FABRICATION DE LA SOIE ARTIFICIELLE

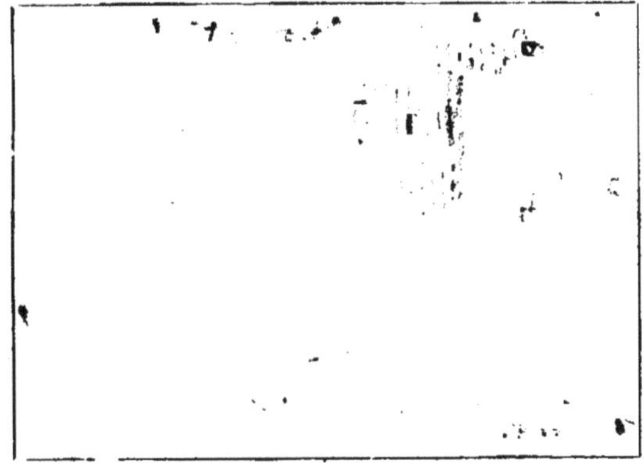

TISSU D'AMEUBLEMENT — PARTIES BRILLANTES EN SOIE ARTIFICIELLE
(PROCÉDÉ DE CHARDONNET)

PARIS

Librairie Bernard TIGNOL

PUBLICATIONS DE LA

LIBRAIRIE de l'ÉCOLE CENTRALE des ARTS et MANUFACTURES

53 bis, quai des Grands-Augustins

LA SOIE ARTIFICIELLE

ÉMILE COLIN — IMPRIMERIE DE LAGNY

LA

SOIE ARTIFICIELLE

CELLULOSE

ET

FABRICATION DE LA SOIE ARTIFICIELLE

PAR

P. WILLEMS

INGÉNIEUR DES ARTS ET MANUFACTURES

PARIS

Librairie Bernard TIGNOL

PUBLICATIONS DE LA

LIBRAIRIE de l'ÉCOLE CENTRALE des ARTS et MANUFACTURES

53 bis, Quai des Grands-Augustins, 53 bis

LA SOIE ARTIFICIELLE

INTRODUCTION

Une nouvelle industrie vient de surgir ces dernières années : celle de la soie artificielle.

Il y a bien longtemps que l'idée est venue d'imiter la soie animale produite par le ver à soie, mais il n'y a que peu de temps que ce travail se fait industriellement.

La soie artificielle est un produit nouveau qui n'est pas destiné à remplacer la soie animale, mais qui vient se placer à côté d'elle.

La production de la soie animale peut être évaluée pour le monde entier à trente millions de kilogrammes par an, et, bien qu'elle ne serve qu'aux objets de luxe, son emploi se répand encore tous les jours.

La production actuelle des fabriques de soie artificielle peut être évaluée journellement à quatre mille kilogrammes, soit environ un million de kilogrammes par an ; les applications de ce produit à côté de la soie animale sont nombreuses, aussi cette production est-elle pour le moment inférieure à la demande. Un grand avenir est donc réservé à cette industrie naissante, et cela explique les recherches qui se font à l'heure actuelle de tous côtés, et la création de nouvelles usines sur plusieurs points du globe.

Aussi j'ai pensé qu'un livre qui condenserait les recherches faites jusqu'à ce jour dans cette voie pourrait rendre des services.

Je n'y décris pas un procédé nouveau, mais je reproduis les brevets différents pris par les principaux inventeurs.

En lisant leur description, le lecteur pourra se rendre compte de la difficulté qu'il y a à mettre au point un procédé de fabrication de soie artificielle, des recherches nombreuses, des travaux que cela suscite, et des tours de main qu'il faut trouver.

DÉFINITION

La soie artificielle est de la cellulose transformée en fils brillants et fins.

Elle s'obtient aujourd'hui par plusieurs procédés qui peuvent se classer en deux catégories :

1° En dissolvant la nitro-cellulose dans un mélange d'alcool et d'éther ;

2° En faisant la dissolution de cellulose dans des dissolvants convenables.

Cette deuxième catégorie peut se subdiviser en plusieurs parties, suivant la nature du dissolvant employé (acide acétique, hydrate de cuivre dissous dans l'ammoniaque, chlorure de zinc, soude caustique avec sulfure de carbone).

Lorsque cette dissolution est obtenue, on la fait passer au travers de filières et on coagule la matière filée qui donne un fil soyeux de soie artificielle.

J'ai fait précéder la description de ces divers moyens d'obtenir la soie artificielle d'un exposé des propriétés de la cellulose qui est la base de cette fabrication ; on verra, par la lecture de ces propriétés et la description des brevets, que tous les procédés de fabrication reposent sur les propriétés de la cellulose.

CHAPITRE PREMIER

CELLULOSE

$$[C^{12} H^{16} O^{10}]^n$$

Tous les chercheurs sont partis de la cellulose pour produire de la soie artificielle parce que cette matière est partout dans la nature.

En effet, les fibres, cellules ou vaisseaux de la plante sont principalement formés de cellulose (c'est le nom que lui a donné Payen).

Préparation. — La cellulose se trouve presque pure dans la moelle de sureau, le coton, le papier non collé (papier à filtre, etc.), la charpie, le vieux linge souvent blanchi.

Il suffit donc de faire bouillir ces corps avec une lessive faible, de laver, de faire passer un courant de chlore, de laver à nouveau, de sécher enfin, d'épuiser par les principaux dissolvants : acide acétique à l'ébullition, alcool, éther, de terminer par un dernier lavage à l'eau et de dessécher, pour avoir de la cellulose.

Propriétés. — La cellulose n'a ni odeur, ni saveur. Elle est solide, blanche, insoluble dans tous les dissolvants habituels. On ne connaît guère qu'un liquide susceptible de dissoudre la cellulose, c'est un réactif ammoniaco-cuprique appelé réactif de Schweitzer, qui l'a fait connaître (on prépare ce réactif, d'après Péligot, en faisant passer de l'ammoniaque sur de la tournure de cuivre au contact de l'air); on obtient ainsi une liqueur bleue qui dissout la cellulose et la laisse déposer lorsqu'on l'étend d'eau. La cellulose ainsi précipitée est amorphe, gélatineuse.

Les acides étendus et les solutions concentrées de sels alcalins précipitent également la cellulose dissoute dans le réactif de Schweitzer, sous forme de flocons.

Lorsqu'on ajoute du zinc à ce même réactif chargé de cellulose, on voit la liqueur devenir incolore, et la solution claire est privée de pouvoir rotatoire; en même temps le cuivre est précipité.

La densité de la cellulose est voisine de 1,45.

RÉACTIONS

Chaleur. — Au-delà de 200 degrés la cellulose se décompose et se charbonne en conservant la forme du corps et en donnant de l'eau, de l'acide acétique, des produits empyreumatiques complexes, différents gaz.

Hydrogène. — L'acide iohydrique saturé, chauffé à 180 degrés avec la cellulose, la réduit complètement à l'état de carbures saturés d'hydrogène.

On obtient ainsi comme produit principal l'hydrure de duodécylène $C^{24}H^{26}$ (Berthelot).

Oxygène. — L'acide nitrique ordinaire attaque énergiquement la cellulose à l'ébullition avec formation d'acide oxalique (Bergmann).

L'acide oxalique est également le produit qui résulte de l'action des alcalis (potasse caustique) à 160 degrés sur la cellulose (Gay-Lussac).

Le bioxyde de manganèse agissant sur la cellulose en présence de l'acide sulfurique donne de l'acide formique (Wöhler).

Alcalis. — La cellulose est insoluble dans les alcalis faibles ; mais les alcalis la gonflent. Les tissus à base de cellulose ainsi traités se rétractent en devenant plus serrés.

Il paraît se former, dans ces conditions, des combinaisons qui sont insolubles dans l'alcool et décomposables par l'eau. En chauffant à 160 degrés la cellulose est oxydée par les alcalis.

Acides. — Les acides agissent de deux manières :

1° Ils modifient et transforment la cellulose en produits distincts ;

2° Ils se combinent avec elle et forment des cellulosides.

TRANSFORMATIONS

a) Les acides agissant sur la cellulose en présence de l'eau la transforment en hydro-cellulose $[C^{12}H^{10}O^{10}, HO]^n$

C'est une substance insoluble dans l'eau, mais facilement altérable par la chaleur (A. Girard).

Pour l'obtenir on laisse pendant douze heures le coton cardé en contact avec l'acide sulfurique à 45 degrés Baumé, ou encore on soumet le coton à l'action de la vapeur d'acide chlorhydrique à 100 degrés.

L'hydro-cellulose s'oxyde à l'air, devient soluble dans l'eau et la solution réduit la liqueur cupro-potassique.

La transformation de la cellulose du coton s'effectue sous

l'influence combinée de la lumière et de l'air sur les tissus, les rideaux, qui deviennent très friables.

b) La cellulose imbibée d'acide sulfurique concentré et lavée presque aussitôt pour enlever l'acide acquiert des propriétés voisines de celles de l'amidon; c'est ainsi que l'iode colore le produit en bleu et que l'eau le gonfle.

L'acide chlorhydrique concentré et froid, et le chlorure de zinc en solution saturée, agissent comme l'acide sulfurique.

Si l'acide sulfurique est plus concentré, ou mieux si on fait un mélange de deux volumes d'acide à 66 degrés Baumé et d'un volume d'eau, on transforme instantanément le papier non collé en papier parchemin ou parchemin végétal. Il faut laver de suite à l'eau froide, puis à l'ammoniaque étendu et finalement à l'eau. Le papier filtre est changé en une substance translucide, cohérente, un peu graisseuse; le papier devient imperméable comme le parchemin. Il est hygrométrique, et devient souple en absorbant de la vapeur d'eau (Figuier et Poumarède).

Ce parchemin végétal sert dans les laboratoires pour les appareils à dialyse, et dans l'industrie pour le traitement osmotique des mélasses par les appareils Dubrunfaut.

c) Si l'on prolonge l'action de l'acide sulfurique concentré à froid, ou du chlorure de zinc ou de l'acide chlorhydrique à chaud, on transforme la cellulose en une cellulose soluble.

d) Maintenant plus longtemps la cellulose au contact des acides, on obtient une dextrine et un glucose fermentescible.

On peut finalement transformer la totalité de la cellulose en un mélange de glucoses fermentescibles dont l'un est le glucose ordinaire (Braconnot) et le restant un corps qui cristallise plus facilement que le glucose. L'ensemble de ces deux matières sucrées est appelé sucre de chiffons.

e) A la longue les acides sulfurique et chlorhydrique concentrés changent la cellulose en produits noirs et ulmiques.

Le fluorure de bore transforme immédiatement le papier à filtre, le coton en ces produits.

COMBINAISONS

Les acides peuvent se combiner à la cellulose qui agit alors comme un alcool polyatomique et fournit des éthers ou cellulosides.

La cellulose chauffée vers 180 degrés avec les acides stéarique, benzoïque, acétique, butyrique, se combine avec eux pour donner des dérivés analogues aux glucosides (Berthelot).

Les anhydrides et notamment l'anhydride acétique se prêtent plus commodément à la préparation des éthers de ce genre et Schützenberger a obtenu différents dérivés parmi lesquels une cellulose triacétique saponifiable par les alcalis avec régénération de cellulose.

Un mélange d'acide sulfurique et d'acide butyrique, broyé avec de la cellulose, paraît donner aussi des dérivés éthérés.

L'acide sulfurique lui-même fournit un acide sulfo-conjugué.

L'acide nitrique forme des combinaisons qui ont reçu de grandes applications sous les noms de coton-poudre, pyroxyle, fulmi-coton (Pelouze, Braconnot, Berthelot, Vieille, etc.).

Parmi ces combinaisons, les deux principales sont : le celluloside octonitrique $C^{48}H^{24}O^{24}$ $(Az\ HO^6)^8$ et le celluloside décanitrique $C^{40}H^{20}O^{20}$ $(AzHO^6)^{10}$. Si on soumet ces dérivés nitriques de la cellulose à l'action des agents réducteurs comme le protochlorure de fer ou le sulfhydrate d'ammoniaque, on régénère la cellulose (Béchamp).

Blondeau prétend qu'on obtient ainsi un corps différent de la cellulose qu'il appelle fulminose.

CELLULOSE OCTONITRIQUE

Découverte par Maynard, elle constitue le corps servant à préparer le collodion.

Elle se prépare au moyen d'un mélange de 1.000 grammes d'acide sulfurique concentré et de 500 grammes d'acide nitrique (d = 1,367) dans lequel on immerge par petites quantités 55 grammes de coton cardé.

Au bout de vingt-quatre heures on exprime l'acide, on lave et on sèche.

Insoluble séparément dans l'alcool et dans l'éther, cette cellulose octonitrique se dissout de suite dans un mélange de trois parties d'éther pour une partie d'alcool en formant le collodion, liquide légèrement visqueux qui a de nombreuses applications en photographie, en pharmacie (collodion élastique obtenu par l'addition d'un peu d'huile de ricin). Il est insoluble dans l'eau.

CELLULOSIDE DÉCANITRIQUE

Il se prépare en plongeant le coton cardé dans un mélange de trois volumes d'acide sulfurique et d'un volume d'acide nitrique fumant. Au bout de quelques minutes, on exprime l'acide, on lave et on sèche.

L'aspect est celui du coton, mais il est plus dur au toucher.

La cellulose décanitrique est insoluble dans tous les dissolvants, ainsi que dans l'alcool, l'éther, le réactif de Schweitzer.

Elle explose facilement, s'enflamme par le choc, par le contact des corps chauds, ou lorsqu'on la porte à 120 degrés. On utilise ces propriétés pour certaines poudres.

AUTRE CELLULOSE NITRIQUE

Une cellulose nitrique spéciale, appelée alcolène par Sutton parce qu'elle est soluble dans l'alcool, se prépare en plongeant le coton à 80 degrés dans un mélange de 115 parties d'acide sulfurique monohydraté et de 93 parties d'acide nitrique (d = 1,40). On lave au bout de quelques minutes.

CHAPITRE DEUXIÈME

SOIE ARTIFICIELLE A BASE D'ALCOOL

Aujourd'hui que la soie artificielle (1) entre dans le domaine de l'industrie, on commence à discuter sa paternité. Les uns la font même remonter à Réaumur ; ce qu'il y a de certain, c'est que beaucoup de personnes s'en sont occupées avant l'ingénieur français de Chardonnet.

Mais c'est à lui que revient l'honneur d'avoir le premier établi un procédé industriel et une soie commerciale.

Procédé de Chardonnet. (*Dissolution de nitro-cellulose dans un mélange d'alcool et d'éther.*) — Le premier brevet de l'ingénieur de Chardonnet est du 17 novembre 1884 ; il porte le n° 165 349 pour la « Fabrication des soies artificielles par la filature des liquides ».

En voici la description :

On prend de la cellulose purifiée venant des pâtes chimiques de bois ou de paille, du coton, des chiffons, des papiers à filtrer, etc. On nitrate cette cellulose par les procédés connus de façon à la rendre soluble dans un mélange d'alcool

(1) En Angleterre : lustro-cellulose.

et d'éther. Pour cela on dissout 3 grammes de pyroxyle dans 40 centimètres cubes d'éther et autant d'alcool. On dissout d'autre part dans 20 centimètres cubes d'alcool 0 gr. 3 d'un protochlorure métallique, réducteur, de fer, de chrôme, de manganèse, etc., et quelques milligrammes d'une base organique oxydable. On y ajoute également la matière colorante destinée à teindre la soie (cette matière doit être soluble dans l'alcool ou l'éther, ni acide, ni trop altérable : la plupart des couleurs d'aniline entre autres conviennent). J'emploie l'aniline à la dose de 6 à 10 milligrammes. Les proportions n'ont rien d'absolu, elles peuvent varier suivant les pyroxyles, les teintures, l'élasticité qu'on recherche. Ce sont des moyennes.

On mélange les deux solutions et on laisse reposer jusqu'à réaction complète. J'appelle ce liquide la solution mère de la soie.

Cette solution mère est introduite dans un récipient où une pompe à air peut faire monter la pression à plusieurs atmosphères. Ce récipient porte à sa partie inférieure autant de filières que l'on se propose de produire de fils simples à la fois.

Chacune est formée d'un tube capillaire en verre de un sixième de millimètre environ de diamètre. Ces filières, de quelques centimètres ou seulement quelques millimètres de long, sont effilées et polies en forme de tuyères, aussi bien la pointe qui plonge dans la solution mère que la pointe extérieure (1).

En outre un petit balai ou pinceau, mû de l'intérieur, vient périodiquement frôler la pointe intérieure pour enlever les particules solides ou visqueuses qui pourraient gêner l'écoulement. Les filières débouchent dans l'eau d'une cuve à quelques centimètres de la surface.

Aussitôt que la solution mère arrive au contact de l'eau,

(1) Dans les usines, ces filières sont appelées les « vers à soie ».

elle se solidifie. Le fil, formé à l'origine d'une gaine cylindrique enveloppant une colonne liquide, peut être tiré hors de l'eau d'un mouvement continu et achève de sécher à l'air. La pression intérieure, la vitesse du tirage, sont réglées de façon à obtenir un fil solide, brillant, du diamètre du fil de cocon.

Les dispositions mécaniques adoptées pour recueillir et envider les fils sont les suivantes :

Les filières s'appuient légèrement sur un cylindre creux garni d'une substance molle (feutre, caoutchouc, etc)., lequel plonge en partie dans l'eau de la cuve et tourne d'un mouvement uniforme. Le fil, recueilli au moment même où il se forme, est entraîné par la rotation du cylindre dont la vitesse tangentielle (variant de quelques centimètres à plusieurs décimètres par seconde) doit être proportionnelle à la vitesse d'écoulement.

Quand le cylindre a amené hors de l'eau le fil, celui-ci le quitte pour passer au séchage. S'il se produit une interruption dans l'écoulement, le champignon qui se forme à l'orifice de la filière est immédiatement entraîné (des rainures tracées sur le cylindre, où reposeraient les filières, favoriseraient au besoin le départ du champignon) ; seulement comme le bout, sans appui, ne pourrait être entraîné sur la bobine, les fils en quittant le cylindre sont réunis par faisceaux de deux ou plusieurs ; le fil adhère à ses voisins par capillarité (au besoin on ajouterait un encollage dans l'eau de la cuve).

La réunion des fils simples en faisceaux peut se faire de plusieurs manières : en premier lieu ils peuvent passer entre les dents d'un peigne s'appliquant normalement selon une génératrice du cylindre et animé d'un mouvement de va-et-vient qui rapproche les fils à chaque oscillation. En second lieu on peut appliquer contre le cylindre une série de guides fixes jointifs en forme d'entonnoirs rectangulaires renfermant chacun deux, trois, quatre fils qui viennent en contact avec l'orifice étroit de l'entonnoir. Il est à remarquer que les fils naissants sont accompagnés portés, par les courants de l'eau entraînée.

2

Les organes décrits sont enfermés dans une caisse close hermétiquement à l'exception d'un tube abducteur conduisant les vapeurs spiritueuses à un condenseur, et d'œillets par où les fils passent dans un séchoir à air chaud ; là ils circulent le temps nécessaire pour se raffermir complètement.

Les fils secs sont réunis en nombre voulu, et s'enroulent sur des bobines ou roquets animés d'un double mouvement de rotation destiné à leur donner la première des torsions requises pour le tissage. Ce mécanisme est analogue à celui qu'on emploie dans le dévidage des cocons, mais le séchoir est construit sur des principes spéciaux :

Il se compose de deux chambres verticales closes, en communication entre elles en haut et en bas. La chambre où circulent les fils et où sont logées les bobines est chauffée, tandis que l'autre chambre verticale est refroidie, soit par un courant d'eau, soit par une machine à produire le froid. L'air s'élève dans la branche chaude en séchant les fils ; les vapeurs se condensent dans la branche froide ; le même air circule indéfiniment, transportant les liquides des fils au condenseur. L'eau est séparée de l'alcool et de l'éther soit par congélation, soit par rectification.

L'alcool et l'éther n'ont pas besoin d'être séparés et peuvent servir indéfiniment, sauf déchet, à dissoudre de nouvelles quantités de pyroxyle. En introduisant dans le séchoir un gaz inerte ou réducteur, il sera possible d'employer des dissolvants trop oxydables à l'air, comme le méthylène.

Premier certificat d'addition, du 23 décembre 1884.

Les fils tissés ou montés en trames, organsins, etc., peuvent être imprégnés dans une cuve d'un apprêt hydrométrique ou anticomburant qui achèvera de rendre la soie artificielle incombustible.

Deuxième certificat d'addition, du 7 mai 1885.

La cuve dont il a été parlé dans le premier certificat d'addition peut se réduire à un tube de verre enveloppant la filière et ne laissant, en coupe normale, qu'un espace annulaire de 0 mm. 1 à 0 mm. 2 d'épaisseur dans lequel arrive l'eau.

La filière (diamètre intérieur, 0 mm. 1 à 0 mm. 16 et diamètre extérieur 1 millimètre à 2 millimètres) n'est pas effilée, mais à cassure franche et normale à l'axe.

Le tube enveloppant dépasse de quelques dixièmes de millimètre l'extrémité de la filière et doit être plein d'eau.

L'apprêt incombustible de l'étoffe tissée peut être entre autres un mélange à proportions variables de gélatine, de glycérine et de sucre.

A l'Exposition universelle de Paris, en 1889, les usines de Besançon qui fabriquaient la soie artificielle par ce procédé obtenaient un grand prix. Cependant de Chardonnet continuait à améliorer ses procédés et ses machines, et le 10 juillet 1889 il prenait un nouveau brevet sous le n° 199.494 pour « perfectionnements dans la fabrication de la soie artificielle par la filature des liquides. »

L'inventeur dit que ses expériences l'ont conduit à des améliorations, surtout pour la machine servant à la filature, et il décrit longuement son mode d'opérer à cette époque. La soie artificielle se compose essentiellement de cellulose nitratée dissoute ; cette cellulose projetée dans un autre liquide qui la coagule, il se forme à l'instant un fil que l'on peut recueillir et traiter comme un fil de cocon.

Afin de diminuer la combustibilité on enlève une partie de son acide nitrique par une dissociation ménagée, et on peut lui faire absorber en même temps diverses matières salines colorantes.

Les proportions du dissolvant du pyroxyle deviennent un mélange de 40 pour 100 d'éther et 60 pour 100 d'alcool en volume. On dissout d'abord le pyroxyle dans des parties égales d'alcool et d'éther, et on ajoute ensuite l'excès d'alcool.

Ce brevet contient un dessin de la nouvelle machine à filer qui est caractérisée par :

1° L'emploi d'organes de règlage rigides et métalliques (robinets vannes, etc.), inattaquables au collodion et supprimant le caoutchouc qui offrait des difficultés dans la pratique ;

2° Les organes de manipulation sont tous à la portée de la main et en dehors de l'enceinte fermée où circule l'air chaud ;

3° On a la faculté de remplacer un bec instantanément sans arrêter le fonctionnement régulier de la machine.

Ensuite vient la description d'une pince spéciale qui recueille le fil formé et entraîné par l'eau, et permettant de reprendre le fil qui viendrait à se casser.

L'air circule pour amener au condenseur les vapeurs d'alcool et d'éther.

De Chardonnet recommande en outre de diminuer la combustibilité du fil par le phosphate d'ammoniaque.

Le *premier certificat d'addition* à ce brevet est du 12 septembre 1889; il dit que les propriétés de la soie artificielle permettent de la créer sur les roquets mêmes à mettre dans le moulin. Il vise donc un perfectionnement dans le dévidage par l'emploi de bobines amovibles sur lesquelles s'enroulent les fils sortant des filières, ces bobines étant maintenues dans leur position par des ressorts, et étant finalement accessibles à l'ouvrière qui peut les retirer et les remplacer sans difficulté.

Ces bobines ou roquets sont disposées en deux ou plusieurs séries montées sur des flasques qu'on peut faire basculer toutes ensemble, pour remplacer par des bobines vides celles qui viennent d'être remplies.

Deuxième certificat d'addition le 9 janvier 1890. Pour récupérer les vapeurs du dissolvant, il est préférable de faire traverser à l'air chaud sortant de la machine lentement trois barboteurs refroidis par un courant d'eau. Le premier barboteur contient de l'eau avec un excès de carbonate de potasse où reste presque tout l'alcool et une partie de l'éther ; les deuxième et troisième barboteurs contiennent de l'acide sulfurique concentré qui retient l'éther et le reste d'alcool.

Troisième certificat d'addition du 25 janvier 1890. Avec une bonne ventilation qui appelle dans les condenseurs tout l'air chargé des vapeurs d'alcool et d'éther, on peut ouvrir sans danger fréquemment la machine, aussi il en résulte une simplification dans le mécanisme.

Le 5 novembre 1889 de Chardonnet prend le brevet. n° 201.740 (pour la préparation industrielle des pyroxyles, en réduisant au minimum la dépense en acides, et en obtenant des pyroxyles purs dans lesquels la nitratation ne différera de fibre à fibre que de quelques centièmes).

La nitratation se fait en trempant, comme à l'ordinaire, la cellulose dans un mélange convenable d'acides sulfurique et nitrique, par exemple 12 litres d'acide nitrique de densité 1,37 et 20 litres d'acide sulfurique de densité 1,83.

1° *Récupération des acides.* — Un roulement et une revivification méthodiques des acides permettent de les récupérer presque en totalité, sauf ce qui reste après essorage dans le pyroxyle.

Ce moyen consiste à faire resservir, tels quels, les trois quarts environ du mélange coulant de l'essoreuse ; le quatrième quart du bain de trempage se compose d'un mélange en mêmes proportions d'acides neufs, mais où on met de l'acide nitrique concentré à 1,50 au lieu de 1,37. On peut aussi remonter les vieux acides avec un tiers environ du mélange neuf, où l'acide nitrique aurait une densité de 1,40 à 1,42.

Le vieil acide en excès est revivifié par distillation ; en chauffant le mélange, l'acide nitrique concentré passe au-dessous de 200 degrés sans soubresauts ; il suffit ensuite de chauffer, comme à l'ordinaire, pour concentrer l'acide sulfurique.

2° *Lavage.* — Après avoir essoré le pyroxyle sortant du bain pour en extraire le plus d'acides possible, on lave à grande eau en évitant toute élévation de température. Puis on porte la matière dans une essoreuse disposée de façon à pouvoir être remplie d'eau. Successivement on essore complètement

et on lave à grande eau (en tournant lentement l'essoreuse).
Après douze ou quinze alternatives d'essorages et de lavages
on a un lavage complet. Il faut toujours opérer avec de l'eau
très pure et très froide.

3° *Purification et blanchiment.* — Si on blanchit la cellulose au chlore ou aux alcalis avant la nitratation, on l'altère et
on a des pyroxyles sans ténacité. On a, au contraire, de
bons résultats si on purifie ainsi le pyroxyle terminé : le pyroxyle est placé dans une grande quantité d'eau avec un
dixième de son poids de chlorure de chaux. On ajoute de
l'eau acidulée par l'acide nitrique jusqu'à dissolution du
chlorure de chaux. On lave, essore et sèche.

Premier certificat d'addition. — C'est une description
d'un appareil pour la distillation des acides et leur récupération.

Il se compose de deux réchauds portant des alambics.

1° un tube qui plonge dans le fond du premier alambic et
qui est un peu au-dessous du niveau du liquide dans l'autre ;

2° un tube de décharge ;

3° des thermomètres ;

4° des tubes conduisant les vapeurs dans des bonbonnes
de grès où elles se condensent.

Le premier alambic est maintenu à la température constante de 130 ou 170 degrés suivant la concentration que
l'on veut. L'acide nitrique distille et est évacué.

L'acide sulfurique gagne le fond, mais au-dessous de
200 degrés il conserve encore de l'acide nitrique, aussi
le deuxième alambic est porté à 210 degrés, l'acide nitrique
complètement séparé et l'acide sulfurique à 62 degrés Baumé
est évacué.

Le *deuxième certificat d'addition* dit que si la cellulose
a été portée à 130 degrés, le pyroxyle est deux ou trois fois
plus soluble que si la cellulose a été séchée à plus basse
température. A 140 degrés la cellulose subit une nouvelle transformation qui altère le pyroxyle ; donc avant de

tremper la cellulose dans les bains d'acides, il faut la maintenir plusieurs heures à une température de 130 à 140 degrés. La cellulose brunit ; on la trempe encore tiède dans le mélange des acides.

Le 16 janvier 1890 autre brevet de Chardonnet n° 203.202 pour la dénitration totale des pyroxyles.

Par la digestion au contact des sulfures, des polysulfures, des sulfocarbonates alcalins, alcalino-terreux ou terreux, les pyroxyles à différents degrés de nitratation perdent graduellement la totalité de l'acide azotique qu'ils contiennent.

Pour ramener, par exemple, à l'état de cellulose pure de la cellulose octonitrique (collodion soluble) je fais digérer à une température de 40 à 50 degrés pendant 12 ou 24 heures la cellulose nitrée en fils ou en lames dans une solution saturée de sulfocarbonate de potasse du commerce. Au bout de ce temps cette cellulose a perdu son acide nitrique tout en conservant sensiblement son aspect extérieur et ses qualités physiques.

Un *certificat d'addition* proposé pour la dénitration le sulfhydrate d'ammoniaque. Un pyroxyle renfermant 12 pour 100 environ d'azote, mis en digestion pendant 12 à 15 heures à une température de 30 à 34 degrés dans le sulfhydrate d'ammoniaque ordinaire du commerce, perd graduellement son acide azotique.

La dénitration peut avoir lieu presque instantanément ; il suffira pour cela d'imprégner préalablement le pyroxyle d'un acide et de le plonger pendant quelques minutes dans le réactif, même à froid. Ainsi un pyroxyle renfermant environ 12 pour 100 d'azote est trempé pendant 10 à 30 minutes dans de l'acide acétique dilué jusqu'à ce que l'acide ait pénétré la masse. Puis il est essoré et plongé immédiatement dans le sulfhydrate d'ammoniaque du commerce pendant 5 ou 10 minutes. On lave et on sèche.

Le 30 juin 1893, de Chardonnet prend son brevet n° 231.230 dont les six certificats d'addition portent différentes dates jusqu'en 1897.

Le brevet principal dit que l'addition au collodion destiné à être filé de quelques centièmes de la plupart des dérivés chlorés des alcools et éthers, ou de sulfure de carbone, augmente sensiblement la solubilité des pyroxyles et la fluidité du collodion, comme par exemple les éthers éthyl et méthyl-chlorhydrique. Ou bien on ajoute au collodion des corps capables de former ces composés chlorés au sein du collodion même, tels que les chlorures métalliques.

Le collodion ne doit contenir ni chlore, ni acide chlorhydrique libre.

Avec l'adjonction au collodion de sulfure de carbone ou de certains composés sulfurés, on rend ce collodion plus fluide et on peut le filer sans intervention de l'eau.

De même on peut mouiller le fil après sa sortie du bec au lieu de le former dans l'eau.

A 60 litres d'éther et 40 litres d'alcool, j'ajoute 3 à 5 litres d'éther chlorhydrique alcoolisé du commerce, ou bien de 1 à 3 kilos de chlorure de méthyle ou de chlorure de manganèse ou d'étain ou autre. Dans le mélange on dissout de 20 à 25 kilogrammes de pyroxyline.

Un *premier certificat d'addition* dit que le chlorure d'aluminium rend plus facile la dissolution du pyroxyle dans l'éther et l'alcool. La filtration et la filature du collodion sont aussi plus commodes.

De même l'acide sulfovinique, l'acide acétique cristallisable, l'éther acétique, l'aldéhyde ont les mêmes propriétés.

On peut former ces corps au sein même du collodion en y ajoutant quelques centièmes d'acide sulfurique pur ou un mélange d'acides sulfurique et nitrique.

Un *second certificat d'addition* résume encore toute la préparation de la soie artificielle.

On nitrate le coton dans un mélange de 9 litres d'acide nitrique d = 1,3 et 15 litres d'acide sulfurique de densité = 1,835, le tout à une température de 28 à 30 degrés.

La réaction dure 12 à 24 heures.

On vide sous un pressoir où on égoutte la plus grande
partie de l'acide que l'on utilise dans les opérations suivantes.
On forme le nouveau bain de 85 pour 100 en volume de ce
bain et 15 pour 100 de bain frais; ce dernier est formé de
trois volumes d'acide nitrique d = 1,48 et de quatre volumes
d'acide sulfurique monohydraté.

Le pyroyyle est pressé, égoutté et lavé à grande eau pendant
8 à 12 heures dans des piles à laver les pâtes à papier. Pendant le lavage on le blanchit avec du chlorure de chaux auquel
on ajoute un excès d'acide nitrique ou d'acide chlorhydrique.

Lorsque le lavage est terminé et la pyroxyline exempte d'a-
cides, on l'essore pour qu'elle ne contienne que 25 à 30 pour 100
d'eau. La pyroxyline lavée et non séchée constitue un hydrate
particulier beaucoup plus soluble que la pyroxyline séchée.

On soumet cette pyroxyline hydratée dans des grands ma-
laxeurs ou tonneaux tournants à l'action du mélange d'alcool et d'éther. Pour 28 à 30 kilogrammes de pyroxyline on
emploie 40 litres d'alcool et 60 litres d'éther. La dissolution
est rapide et le collodion limpide ; on le filtre dans deux ou trois
filtres sous pression, soit par la pression de l'air, soit par
un piston hydraulique à travers des couches de coton cardé.
Le collodion est prêt à être employé pour la filature. On peut
le filer en faisant déboucher dans l'eau le fil sortant de la filière ou en supprimant l'intervention de l'eau. Cela provient
de ce que le collodion renfermant l'eau de combinaison du
pyroxyle hydraté se raffermit rapidement à l'air, et les brins
ne se collent pas entre eux, les fils multiples restant plus ou-
verts et plus souples.

On peut toujours rendre le collodion plus fluide ou le pyroxyle plus soluble en ajoutant au collodion de l'acide sulfovinique, des acides sulfo-conjugués, produits de l'oxydation
de l'alcool comme l'acide acétique, l'aldéhyde, ou les former
au sein du collodion en ajoutant des chlorures de manganèse,
d'aluminium ou de chaux, ou ajoutant quelques centièmes
d'acide sulfurique ou d'acide sulfo-nitrique.

Un *troisième certificat d'addition* dit qu'après avoir été moulinés et flottés, les fils de pyroxyle en écheveaux sont soumis à la dénitration. Dans un hectolitre d'eau on introduit 8 kilogrammes de monosulfure de calcium et 4 kilogrammes de sulfate d'ammoniaque du commerce. On agite et on laisse réagir une heure ou deux. Puis on sépare le précipité solide par filtration ou essorage et on se sert du bain clair pour dénitrater les écheveaux. A cet effet on porte le bain à 28 ou 30 degrés dans des cuves en bois au moyen d'un serpentin de vapeur, on y plonge et lisse les écheveaux pendant une heure, à raison de 2 kilogrammes de soie par hectolitre du bain. Le bain épuisé est rendu à peine acide par une addition d'acide sulfurique. On ajoute une quantité de sulfure de calcium proportionnée aux sulfate et nitrate d'ammoniaque existant dans le bain ; on sépare le précipité comme ci-dessus, et le bain est prêt à servir de nouveau.

On prépare le monosulfure de calcium pour ce bain de dénitration en chauffant plusieurs heures dans des cornues à gaz 1.000 parties de plâtre et 400 parties de charbon broyé. On fait tomber le sulfure, une fois formé, dans un étouffoir à l'abri de l'air.

On pulvérise finement le produit.

On peut remplacer le sulfure de calcium par une quantité de sulfhydrate de sulfure de calcium équivalente, c'est-à-dire capable de saturer exactement le sulfate d'ammoniaque, ou par de la charrée de soude.

Le sulfate d'ammoniaque peut être remplacé par l'azotate ou le chlorhydrate d'ammoniaque ou tout autre sel ammoniacal capable de décomposer le monosulfure de calcium.

Un *quatrième certificat d'addition* dit que la soie doit être parfaitement séchée avant d'être dénitrée et exempte d'alcool, d'éther et d'eau de constitution.

On abrège le séchage qui demanderait deux ou trois jours, en laissant les échevettes sur les guindres où elles ont été flottées, et en faisant tourner rapidement ces guindres dans une chambre chaude. Le séchage se fait en une heure ou deux. L'eau ne pénètre plus le pyroxyle une fois séché à 30 ou 40 degrés. On peut le mouiller, et ne conservant pas dans les usines les fils secs de pyroxyle, on évite les incendies de la sorte.

Un *cinquième certificat d'addition* préconise comme bain de dénitration un composé de 24 parties de protochlorure de fer, 32 parties d'alcool et 200 d'eau. On chauffe de 80 à 90 degrés jusqu'à ce que la pyroxyline ait pris une teinte cuivre rouge, on lave et sèche, on la teint en noir ou autre couleur.

Si on veut, on peut la décolorer en enlevant le fer par un acide.

C'est un procédé de dénitration par substitution qui a pour qualités de compenser la perte de poids qui est très grande par la dénitration. En même temps on augmente la résistance du produit.

Un *sixième certificat d'addition* du 6 mai 1897 recommande pour la dénitration le procédé suivant : on plonge les écheveaux de pyroxyline filée dans un mélange de 75 pour 100 d'alcool additionné ou non de méthylène pendant 30 minutes à 40 ou 50 degrés, on fait égoutter et on plonge dans un bain contenant pour 1 kilogramme de pyroxyline 400 ou 500 grammes de protochlorure de fer vers 75 degrés. On ajoute successivement 5 ou 6 kilos de protochlorure de fer jusqu'à ce que le produit soit dénitraté.

On teint et charge ensuite en noir ou en couleur.

J'ai passé sous silence les brevets suivants de Chardonnet :

Nº 216.156, pour moulin à tavelles indépendantes pour textiles ;

Nº 216.564 pour un procédé permettant la modification préalable des celluloses pour pyroxyles ;

Nº 221.488, pour nouveau bain de dénitration ;

Nº 225.567, pour déshydratation des pyroxyles, 10 novembre 1892 ;

Nº 172.207, du 13 novembre 1885 pour machine à filtrer les liquides ;

Nº 188.304, du 27 janvier 1888 pour dénitration des teintures de pyroxyles ;

Nº 207.624, emploi aux lampes à incandescence ;

Nº 208.405, etc...

Ces brevets se rapportent à des machines spéciales pour les différentes transformations du fil soyeux, et qui ont été plus ou moins modifiées dans la suite.

Procédé Fremy. — Le 16 janvier 1890, Fremy dans le brevet 203.191 proposait une modification au mode de dénitration de la soie végétale.

L'agent de dénitration est le sulfhydrate d'ammoniaque : lorsqu'on traite à froid la soie végétale par une dissolution étendue de sulfhydrate d'ammoniaque, l'élément nitrique du tissu devient soluble dans l'eau et est entièrement absorbé par le composé sulfureux ; le principe cellulosique filamenteux reste à l'état insoluble et peut être purifié par un simple lavage à l'eau froide.

Cette action du sulfhydrate d'ammoniaque sur la soie végétale est rapide et se trouve complète en quelques heures.

La dénitration se fait au contact de l'air dans des vases appropriés. S'il y a dégagement de chaleur, on peut modérer la température en refroidissant.

La soie dénitrée est tenace, elle a l'éclat de la plus belle soie du commerce, et elle ne brûle pas plus facilement que le coton.

Procédé Lehner. — Lehner qui dirigeait l'usine de Spreitenbach (Suisse), exploitant les procédés de Chardonnet, a pris aussi des brevets pour la fabrication de la soie artificielle ; ce sont surtout des modifications du mode d'opérer de Chardonnet.

Le 25 mai 1892, sous le nº 221.901 il faisait breveter un procédé pour un appareil destiné à la fabrication de fils glacés artificiels et mélangés.

Avec mon appareil on étire les fils fabriqués avec les matières connues (collodions liquides seuls ou additionnés de so-lutions de soies, résines et de sels) en faisant écouler celles-ci à travers une ouverture correspondante dans de l'huile de térébenthine, de l'huile de genièvre, du pétrole, de la benzine, du benzol, du chloroforme, du sulfure de carbone, de l'huile d'aniline ou encore dans de l'eau ; en même temps on fait passer à côté du nouveau fil un fil fini de soie naturelle, de coton ou de toute autre matière appropriée, on réunit ces fils et on les tord ensemble.

Le 20 septembre 1892, Lehner faisait breveter, n° 224.660, un procédé de fabrication d'une solution contenant une très forte proportion de nitro-cellulose.

Dans la fabrication de la soie artificielle on a intérêt à obtenir des solutions aussi fortes que possible de nitro-cellulose. Pour les obtenir on emploie l'esprit de bois, l'éther, l'alcool, l'acide acétique, etc., mais ces solutions sont consistantes, épaisses et visqueuses.

Une solution à 10 pour 100 ne peut être filtrée qu'en employant une pression de plusieurs atmosphères.

J'ai remarqué que si j'ajoute à la solution épaisse de l'acide sulfurique à 66 degrés Baumé, il y a dégagement de chaleur, une décomposition avec formation d'un dépôt compact, proba-blement d'acide sulfurique cellulose.

Le dépôt en question qui se forme se dissout de nouveau assez rapidement en agitant d'une manière continue ; la solu-tion devient de nouveau limpide, plus claire, et elle a perdu sa consistance épaisse et visqueuse, on peut la filtrer facile-ment et la travailler sans pression notable.

On pourra ainsi travailler des solutions contenant 30 pour 100, et plus, de nitro-cellulose.

La quantité d'acide sulfurique à employer varie avec le poids de la nitro-cellulose en présence, environ 5 à 10 pour 100.

On peut arriver à une liquéfaction analogue avec l'acide muriatique, l'acide azotique, l'acide sulfureux, mais alors il faut une plus grande quantité d'acide.

Le 13 décembre 1894, n° 243.612 Lehner faisait breveter un procédé d'une préparation contenant une forte proporportion de nitro-cellulose.

Jusqu'ici la solution de nitro-cellulose se préparait en commençant par convertir la cellulose en nitro-cellulose et en lavant ensuite tous les acides.

D'après mon nouveau procédé je ne pousse plus les lavages à l'eau jusqu'à débarrasser la cellulose nitrée complètement d'acide ; on lave, au contraire, de façon à laisser dans la nitro-cellulose pressurée une certaine quantité d'acide, très faible, du reste. On dissout ensuite dans l'un quelconque des dissolvants, et, sans la sécher, la nitro-cellulose légèrement mouillée par l'acide restant se dissout plus facilement et en plus grande quantité.

La raison en est que les tri et tétra-celluloses formées par la nitrification et se trouvant en contact avec les liquides acides ne se décomposent pas facilement ; de tous les composés de la nitro-cellulose ce sont lesdites tri et tétra-nitro-celluloses qui se dissolvent le plus facilement.

Si, après nitrification, on lave la nitro-cellulose à l'eau pour qu'il ne reste plus d'acide en excès, et si on la sèche ensuite, on a une solution bien meilleure qu'à l'ordinaire en ajoutant au dissolvant, au moment de procéder à la dissolution, une faible quantité d'acide concentré, comme par exemple l'acide sulfurique, l'acide azotique, l'acide muriatique, etc.

Le 15 décembre 1894, Lehner prenait le brevet 243.677 pour la fabrication de fils artificiels brillants.

J'emploie une nitro-cellulose spéciale obtenue par une méthode différente de celle connue. De plus mon procédé est caractérisé en outre par le réemploi des acides qui ont servi à la nitrification, à savoir l'acide sulfurique et l'acide azotique ; l'acide sulfurique conserve la matière et facilite sa dissolution, l'acide azotique a pour effet d'oxyder l'huile siccative vulcanisée additionnée à la matière.

On dissout ce mélange dans un dissolvant connu, comme

par exemple l'esprit de bois, l'éther, l'alcool, l'acétone, etc., et on obtient ainsi une solution qui a la propriété de former un fil ou brin très résistant et cela en le faisant couler simplement dans un liquide ou à l'air libre, à travers un tube de verre large ayant à son embouchure un diamètre 0^{mm} 25 à 0^{mm} 50, sans pression, rien que par la différence des niveaux.

Les fils obtenus mécaniquement sont chauffés dans un liquide, et cela dans le but de durcir l'huile et d'enlever les acides libres et le dissolvant.

Finalement on soumet le fil à la désoxydation qui enlève l'inflammabilité.

Voici les diverses opérations :

On emploie la cellulose sous toutes ses formes : bois, coton, etc. En procédant de la manière usuelle on obtient toujours les composés nitrés les plus variés depuis la di-nitro-cellulose jusqu'à l'hexa-nitro-cellulose, et cela s'explique, car les parties de la matière soumises les premières à l'action des acides seront plus nitrées, puis les acides s'affaibliront et on aura des produits de moins en moins nitrés, de plus la température varie encore. Aussi j'introduis peu à peu de la cellulose et j'élève petit à petit la température.

J'ai remarqué encore qu'après l'enlèvement des acides et pendant les lavages une partie de la nitro-cellulose subit une transformation lente accélérée pendant le séchage. Le radical d'acide azotique qui est entré dans la molécule de la cellulose se trouve partiellement dans des conditions très peu constantes et une transposition produisant des composés plus constants a lieu.

Ce sont : la di-nitro-cellulose $C^{12}H^{18}(NO^3)^2O^8$; la penta-nitro-cellulose $C^{12}H^{15}(NO^2)^2O^5$; et l'hexa-nitro-cellulose $C^{12}H^{14}(NO^2)^6O^4$.

Aucune de ces trois nitro-celluloses constantes, dont on obtient toujours avec le procédé ordinaire un mélange, ne convient au but que je me propose, d'abord à cause de la difficulté avec laquelle elles se dissolvent dans les dissolutions ordinaires, ensuite à cause de la très grande différence du degré de nitrification, différence qui au moment de la désoxydation subséquente présente de très grands inconvénients au point de vue de la résistance du fil fabriqué.

Mes recherches ont montré que la tri-nitro-cellulose $C^{12}H^{17}(NO^3)^3O^7$ et la tétra-nitro-cellulose $C^{12}H^{16}(NO^3)^4O^6$ sont les formes qui conviennent le mieux au but.

On les dissout plus facilement, les solutions sont plus fluides, s'emploient plus aisément et la désoxydation se fait dans des conditions meilleures.

Aussi voici comment j'opère :

Dans un mélange de 3 volumes d'acide sulfurique à 66 degrés Baumé et 2 volumes d'acide azotique de densité $= 1,31$ à $1,32$, ayant pour commencer une température de 30 degrés, on introduit successivement des petites quantités de cellulose bien séchée ; à chaque nouvelle introduction on augmente légèrement la température qu'on arrête à 40 degrés pendant quelques heures.

Les tri et tétra-nitro-celluloses sont débarrassées autant que possible des acides adhérents non combinés par l'essorage, et il ne reste que 40 pour 100 d'acides du poids de nitro-celluloses.

On peut revivifier les acides en y ajoutant de l'acide azotique concentré.

La nitro-cellulose essorée, encore mouillée d'acide, est trempée dans un bain d'acide sulfurique de $d = 1,35$; on essore de nouveau et on obtient alors un produit contenant les nitro-celluloses mentionnées, avec approximativement 40 pour 100 d'acide sulfurique de $d = 1,4$ et une faible quantité d'acide azotique. Le trempage dans l'acide sulfurique a pour effet de rendre la nitrification plus uniforme, les fibres ne s'échauffent pas, il n'y a pas de décomposition partielle, et surtout la formation de composés nitrés d'un degré supérieur n'a pas lieu.

De plus on arrive ainsi à enlever mécaniquement les acides

de nitrification adhérents et notamment la plus grande partie de l'acide azotique actif, ce qui permet de continuer dans de très bonnes conditions le traitement de la matière.

Après avoir essoré de nouveau le produit, mouillé légèrement par l'acide sulfurique en présence, on le mélange immédiatement avec une huile siccative vulcanisée.

On peut employer pour cela toute huile séchant à l'air, l'huile de lin, l'huile de pavot, de chanvre, de semence de coton, de sésame, de ricin, etc.

A l'huile à préparer on ajoute la moitié de son poids d'éther sulfurique afin d'éviter une réaction trop vive, et tout en remuant on ajoute 10 à 20 pour 100 de chlorure de soufre, suivant la qualité de l'huile et le degré de fluidité qu'on désire donner. La réaction a lieu en peu de temps et il se forme un précipité jaune qui se dépose rapidement ; on en sépare par décantation un liquide épais et jaune clair.

Ce liquide transformé chimiquement par l'opération indiquée est ajouté, dans la proportion de 10 pour 100 approximativement mesurée au poids, à la cellulose mouillée par l'acide sulfurique adhérent ; on dissout ensuite le mélange dans l'alcool méthylique, l'acétone ou l'alcool éthéré, en employant de ces dissolvants une quantité mesurée au poids, cinq fois plus grande que celle du mélange en question ; après avoir été filtré, le produit est prêt à servir de matière première pour la fabrication des fils artificiels. Celle-ci se fait en laissant couler tout simplement la solution par de larges tuyaux en verre ayant à leur embouchure d'écoulement un quart à un demi millimètre de diamètre. L'écoulement a lieu par la pression naturelle de la solution résultant des différences de niveau, et le liquide en sortant passe dans un liquide ou plus simplement dans l'atmosphère. La solidification du fluide a lieu immédiatement ; en augmentant ou en diminuant la vitesse d'étirage on arrive à former des fils ou des brins plus ou moins fins ; le moulinage se fait de suite sur la même machine.

L'addition d'huile siccative, chimiquement transformée, a pour but de maintenir par la suite les composés nitrés peu constants dans le mélange au même degré de nitrification ; elle a pour but encore de permettre de former au moment de la désoxydation des composés nitrés, qui se fait plus tard, une matière qui devient invariable en s'oxydant et qui sous forme de mastic s'introduit entre les molécules, et constitue pour ainsi dire un squelette ; on réagit ainsi contre une trop grande désintégration de la matière.

La faible quantité d'acide azotique qui se trouve dans le mélange dissous et qui est encore un reste des acides qui ont servi à la nitrification a pour but d'accélérer l'oxydation de l'huile.

Aussitôt que possible, les fils moulinés, enroulés sur des bobines appropriées ou se trouvant à l'état dévidé, sont chauffés dans de l'eau pendant quelque temps. On enlève ainsi la plupart de l'acide libre et on expulse les dissolvants, l'éther, l'alcool, etc., qui sont récupérés en partie. Aux points de vue physique et chimique, la composition de la nitro-cellulose devient par là plus ferme et la résistance du fil augmente considérablement.

Le produit obtenu est toutefois encore trop inflammable ; il est difficile ou impossible même de le teindre de la manière ordinaire, donc il faut le soumettre à la désoxydation. Cette désoxydation, autrement dit l'enlèvement partiel du radical azotique de la nitro-cellulose, peut se faire en traitant la matière en question par des sulfures qui donnent de l'hydrogène sulfuré.

La force ou ténacité du fil souffre pourtant toujours, et dans certains cas le fil perd de sa valeur. J'ai trouvé notamment que les désoxydants à effets alcalins agissent rapidement, mais qu'ils diminuent la solidité du fil. De plus il est nécessaire d'avoir un produit contenant autant que possible de la nitro-cellulose au même degré, afin que la désoxydation soit uniforme. En employant le procédé décrit ci-dessus, on y arrive.

Voici maintenant la manière dont je prépare un liquide désoxydant qui supprime toute alcalinité nuisible.

Je prends du sulfhydrate d'ammoniaque concentré et je l'étends d'une quantité d'eau suffisante pour abaisser de 10 pour 100 approximativement le degré de concentration primitif ; dans ce liquide je dissous une quantité équivalente d'un sel neutre magnésique ; je chauffe le bain à 30 degrés et j'y plonge les fils jusqu'à ce qu'ils montrent, sous le microscope et à la lumière polarisée, les couleurs caractéristiques du spectre de la cellulose. Je lave ensuite le fil à grande eau, et je le sèche ; il est alors prêt à servir.

Par l'addition du sel magnésique on arrive à faire disparaître l'alcalinité si nuisible du sulfure d'ammonium ; l'oxyde de magnésium, qui se forme successivement, possède des qualités basiques très faibles, et n'attaque presque pas le fil. Il n'y a pas de séparation de magnésie, car celle-ci se combine immédiatement avec les sels ammoniacaux en présence ; la décomposition de l'hydrogène sulfuré et du radical nitré ne provoque pas non plus, jusqu'à un certain point, une précipitation de soufre. Le soufre se dissout dans le bain ; si la solution est arrivée toutefois à une certaine limite de saturation et qu'on l'ait laissée refroidir pendant quelque temps, le soufre est précipité à l'état cristallin et peut être utilisé industriellement.

Au lieu de sulfhydrate d'ammoniaque on peut employer du sulfhydrate de potasse ou de soude avec un sel magnésique. Pour éviter la séparation de la magnésie il devient nécessaire, dans ce cas, d'ajouter encore un sel ammoniacal magnésique soluble.

Le 10 novembre 1900, Lehner prenait le brevet 305.267 pour un procédé de fabrication de crin artificiel.

Le crin animal ou de cheval — est un brin ou fil parfaitement uni, élastique, assez épais, de longueur limitée. En industrie textile, en passementerie, etc., il faudra nouer les brins. Avec le crin artificiel on n'a pas cet inconvénient ;

pour cela je tire lentement à travers un dissolvant connu quelconque le fil lavé et séché au préalable ; on peut opérer sur un fil ou sur plusieurs fils ensemble.

Pour remédier à certaines petites défectuosités, on retouche certains endroits formés par des fibres insuffisamment réunies ou soudées ; on pourra finalement tirer le crin à travers une solution de gomme ou de gélatine, ou à travers un collodion cachant les défauts.

On peut en faire des usages dans l'industrie textile, la passementerie, la fabrication des manchons pour l'éclairage par incandescence. Carbonisé, on peut s'en servir comme filaments pour les lampes électriques.

Procédé Plaissetty. — Le 6 novembre 1899, Plaissetty prenait le brevet 294.020, pour « Nouveaux procédés pour la fabrication de la soie artificielle ».

Avec l'éther, l'alcool, l'acide acétique cristallisable, il faut de grandes quantités de dissolvants pour dissoudre la nitro-cellulose. Pour 1 kilo de nitro-cellulose séchée à l'air, il faut de 8 à 10 litres d'éther et alcool ou 10 à 12 litres d'acide acétique cristallisable. J'ai trouvé que l'acétate d'éthyle ou éther acétique employé seul ou mélangé en petites quantités à l'alcool, à l'éther ou à l'acide acétique cristallisable, comme dissolvant de la nitro-cellulose, donne un collodion égal sinon supérieur au collodion employé jusqu'ici pour la fabrication de la soie artificielle.

Pour dissoudre 1 kilo de nitro-cellulose séchée à l'air, il ne faut que 3 litres d'acétate d'éthyle, et si on emploie la pression la quantité d'acétate d'éthyle peut être réduite à 2 litres pour 1 kilo de nitro-cellulose.

L'éther acétique est un liquide d'odeur agréable ; il bout à 74 degrés. Il est soluble dans l'éther, l'alcool, l'acide acétique cristallisable, l'acétone ; il se volatilise moins que l'éther ordinaire, est moins inflammable, et est moins nocif pour la santé des ouvrières.

Le 31 mars 1900, Plaissetty prenait le brevet 298.781

pour « collodion de nitro-cellulose aluminée pour obtenir des produits inexplosibles et ininflammables. »

1° Je fais agir directement les sels d'alumine concentrés sur la nitro-cellulose. Le produit ainsi obtenu est déliquescent, mais on obvie à cet inconvénient en le trempant pendant 1 ou 2 minutes dans un bain d'ammoniaque concentré.

La nitro-cellulose ainsi préparée est un produit nouveau inexplosible à haute température, ininflammable.

Elle se dissout dans tous les dissolvants ordinaires de la nitro-cellulose, notamment l'acétate d'éthyle.

2° J'élimine d'abord l'eau de cristallisation des sels d'alumine employés, puis je dissous ce sel anhydre dans l'alcool. Cette solution ainsi préparée est ensuite mélangée avec une partie du dissolvant de la nitro-cellulose que l'on aura choisi ; l'autre partie du dissolvant est mélangée avec une petite quantité de solution ammoniacale concentrée.

Dans ces conditions on obtient une solution homogène qui dissout parfaitement la nitro-cellulose pour former un collodion limpide pouvant servir de matière première pour la soie artificielle.

Si on l'emploie pour la soie artificielle, on évite ainsi la dénitrification qui fait perdre 30 à 40 pour 100 du poids du produit par suite du départ des groupes nitriques combinés.

Les fils que l'on obtient ont un très beau brillant.

Par un certificat d'addition à ce brevet, en date du 7 août 1901, Plaissetty propose d'employer les chlorures d'aluminium anhydre pour permettre de faire usage de la nitro-cellulose contenant de 25 à 30 pour 100 d'humidité.

Puis on emploie une faible quantité d'acide chlorhydrique dans un bain d'eau, comme lavage final de la soie artificielle après teinture, pour ramener l'alumine à l'état de chlorure d'aluminium.

Voici les derniers brevets parus se rapportant à la fabrication de la soie artificielle par la dissolution de nitro-cellulose dans un mélange d'alcool et d'éther :

Brevets divers.

Le 13 décembre 1902, Stoerk faisait breveter sous le n° 327.301 un procédé pour fils brillants.

L'inventeur dit que les meilleures nitro-celluloses sont celles qui contiennent de 12 à 20 pour 100 d'eau, mais ce n'est pas un procédé spécial.

N° 333.246 du 20 juin 1903, Schauman et Larson, *crin artificiel*. On forme ce crin artificiel en prenant un fil ou une fibre de soie, de lin, de chanvre, etc., très fins et forts qu'on entoure d'une masse de collodion ou de coton faiblement nitré.

Pour dissoudre la cellulose, on peut employer différents liquides. Le meilleur consiste en un mélange de 15 parties d'alcool méthylique, 9 parties d'alcool éthylique, 6 parties d'éther, et prenant 100 centimètres cubes de cette solution pour 16 grammes de nitro-cellulose. On peut y ajouter, pour avoir toutes les qualités du crin animal, une solution de laque en écaille. En pratique on ajoute également 3 à 4 pour 100 d'huile de ricin pour augmenter l'élasticité.

Le crin peut se fabriquer en plaçant la solution dans un vase approprié quelconque muni d'un trou par lequel on fera sortir sous une pression convenable la masse liquide en même temps que le fil ou le brin destiné à former le noyau. Il suffit, du reste, de tirer tout simplement à travers le liquide le fil en question et de le faire ensuite passer dans un tube de calibre. Le fil trempé est conduit à travers un liquide de coagulation approprié, comme de l'eau.

Il vaut mieux faire passer le fil deux ou plusieurs fois dans les filières.

Les inventeurs disent qu'on a ainsi des brosses à dents avec des crins offrant toute la raideur du crin animal, résistants à l'eau, à l'usure, ne cassant que difficilement et dissous par le suc intestinal. D'ailleurs ils disent que ces crins peuvent servir à tous les usages en remplacement du crin animal.

J'aurais pu placer ceci dans les applications de la soie artificielle, mais puisque ce procédé peut être considéré comme un moyen d'enduire de soie artificielle les fils, fibres, etc., je l'ai décrit entièrement.

Le 5 mars 1904, Denis faisait breveter sous le n° 341.173 une machine à filer les collodions, mais destinée spécialement à la récupération de l'alcool et de l'éther des dissolvants de la nitro-cellulose.

Le 11 avril 1904 Crespin, dans le brevet 342.077, dit que la plus grosse dépense dans la fabrication de la soie artificielle, c'est le dissolvant qui sert uniquement de véhicule à la nitro-cellulose en solution, et qu'il faut le faire disparaître une fois le fil, le crin ou la paille formés. Aussi, dit-il que dans les usines on se contente d'employer le moins de dissolvant possible (alcool éthylique et éther) et qu'on le laisse s'évaporer, perdant la presque totalité du dissolvant.

Il prend un dissolvant composé d'alcool éthylique, d'alcool méthylique et d'éther sulfurique auquel il ajoute un peu d'huile de ricin, de palme ou de la glycérine afin d'avoir un collodion très fluide, très clair et qui se prête très bien au filtrage et au filage.

Comme avec l'appareil décrit on peut récupérer presque la totalité du dissolvant, on n'est plus obligé de faire des collodions concentrés, on évitera les fortes pressions, et on pourra employer des tuyaux de filage en verre.

La Société de la Fabrique de la soie artificielle de Tubize (Belgique), qui exploite les procédés de Chardonnet, a pris dernièrement un brevet qui est déposé sous le n° 7.222 pour brillants et produits dérivés du collodion, mais conformément à sa demande il ne sera publié que dans un an.

Procédés de teinture.

Voici quelques procédés de teinture donnés par M. Douge, administrateur-directeur technique de la « Société anonyme pour la fabrication de la soie de Chardonnet » à Besançon.

Couleurs employées avec leurs mordants.

COULEURS	MORDANTS	OBSERVATIONS
Rhodamine 6 G 949.	Acide acétique.	Non lavable.
Rhodamine B 483.	—	—
Congo brillant C 294.	Sulfate de soude.	Lavable.
Auramine O.	—	Non lavable.
Chrysophénine (étiquette bleue).	—	Lavable.
Bleu méthylène BB 330	—	—
Violet bleu C.	—	—
Violet rouge Hoffmann 7 R.	—	—
Violet méthylène 3 B.	—	—
Safranine.	—	—
Noir direct T.	—	—

Blancs.

Les blancs à fond s'obtiennent à peu près dans les conditions et proportions minima de matières suivantes, *absolument sans autres :*

POUR KILOS DE SOIE :	1 A 2	10 A 15	30	50
Bain de :				
Chlorure de chaux, par kilo de soie.	80 gr.	60 gr.	40 gr.	20 gr.
Cristaux de soude, —	35 gr.	20-25 gr.	12 gr.	10 gr.

Passer à deux eaux tièdes.

Ensuite, bain d'acide chlorhydrique, dose de 22 centimètres cubes par litre d'eau.

Laver à deux eaux.

Enfin, si besoin, *teinter* sur bain de sulfate de soude à 40-50 degrés de température.

Noirs.

Proportions : Pour numéros de soies jusqu'à 200 deniers :
colorant noir, 9 pour 100 du poids de la soie à traiter.

Au-dessus de 200 deniers : 10 pour 100 du poids de la soie.

Mordant : Sulfate de soude, environ 25 pour 100 du poids
de la soie.

Traitement : Teindre en bain court. Monter successivement
la température du bain à 40, 60, 85 degrés. .

Observations.

1° Mouiller un certain temps les soies dans le bain *mor-
dancé* avant d'y mettre les couleurs.

2° Nous marquons 40, 60, 85 degrés les *bains composés* de
plusieurs couleurs, ainsi que tous ceux dans lesquels entre le
noir, afin d'en ménager l'unisson et d'en assurer, dans certains
cas, la force et le fond par un chauffage progressif du bain.

3° Il est *très important*, surtout pour les bains composés
et pour les bleus, de ne travailler que sur de petits matteaux
de soie bien étalés sur les baguettes.

4° Certains produits, et en particulier le bleu méthylène,
ayant une forte affinité pour notre soie, nous recommandons
de liser et ballader *rapidement* au début de l'opération de
teinture, afin d'assurer l'uniformité de la nuance.

5° Dans la majeure partie des cas, nous estimons inutile la
pratique du lustrage après teinture, le fil reprenant tout son
brillant quand il est dévidé.

6° Nous mettons en garde les teinturiers contre toutes les
préparations par les acides, savons, alcalis, huiles, etc... et
les divers procédés usités pour la teinture de la soie naturelle, comme *très pernicieux* pour notre produit.

7° Enfin, nous recommandons *la plus grande délicatesse*
durant les manipulations de notre soie, l'état humide en diminuant la force, laquelle revient, du reste, entièrement avec
le séchage.

Je me suis étendu très longuement sur le procédé de Chardonnet et ses dérivés, car c'est le plus ancien procédé industriel et c'est le plus répandu.

Résumé

En suivant la description des brevets qui s'y rapportent, on a pu se rendre compte des difficultés qu'il y avait à surmonter avant d'obtenir facilement une bonne nitro-cellulose, facilement soluble, puis les recherches qu'il a fallu effectuer pour arriver à une dénitration complète. On a trouvé aussi bien des redites, beaucoup de points communs dans les descriptions de Chardonnet, de Lehner, etc., mais cela prouve les difficultés communes rencontrées.

Il en sera ainsi lorsque nous examinerons les autres procédés.

La soie que l'on obtient est très brillante, assez résistante et assez élastique. Elle est employée seule ou mélangée avec la soie animale pour beaucoup d'usages et dans plusieurs cas elle est préférée à la soie naturelle. Ainsi elle donne plus de corps, plus de maintien, plus de relief aux étoffes ; en passementerie elle rend de grands services. Dernièrement, à l'exposition des emplois industriels de l'alcool à Vienne, où elle obtenait un grand prix, comme d'ailleurs à Lyon, en 1894, et à Paris, en 1889 et 1900, elle excitait la curiosité générale par ses applications multiples. Dans une enceinte spéciale dont les murs étaient revêtus d'étoffes chatoyantes en soie artificielle, les meubles richement ornés en même matière, la société de Besançon avait réuni les étoffes, les rubans, les costumes, les chapeaux, les passementeries, etc., fabriqués avec ses produits, et cela a beaucoup contribué au succès de la section française.

Je ne veux pas terminer ce chapitre sans parler d'une dernière application de la soie artificielle, celle des manchons à incandescence pour le gaz, l'alcool, etc. On utilise dans ce cas le pouvoir absorbant des liquides qu'ont les fils non dénitrés de soie artificielle ; ils peuvent absorber jusqu'à 15 fois leur poids de liquide. Aussi les manchons fabriqués avec la soie artificielle et trempés dans les sels de thorium et cérium sont-ils plus éclairants et durent-ils plus longtemps. Les essais faits à la ville de Paris sont concluants en ce sens ; place de la Concorde, qui est éclairée avec ces manchons, il n'en faut que deux (et aussi deux verres, car en remplaçant le manchon le verre est généralement changé) par année, tandis que la moyenne partout ailleurs est de dix manchons et huit verres.

La Société Auer, qui exploite les manchons Plaissetty, commence à les mettre partout à l'abonnement.

Le prix de la soie artificielle a été variable avec la qualité, mais surtout avec la demande. Elle valait en 1889 de 30 à 35 francs le kilo, mais en 1897 elle s'est abaissée jusqu'à 23 francs.

Aujourd'hui elle vaut 36 francs le kilo, et la production des usines est vendue jusqu'au milieu de 1905.

Cette vogue se comprend par la beauté des fils et leur brillant bien supérieurs à ceux de la soie naturelle de même prix.

En dehors des usines françaises de Besançon, qui fabriquent journellement 1.500 kilos de soie à base d'alcool et qui s'outillent pour en fabriquer 2.000, les usines qui emploient ces procédés, tels que les a mis au point de Chardonnet ou avec quelques modifications, sont :

En Angleterre, l'usine du Lancashire ;

En Suisse, l'usine de Spreitenbach ;

En Belgique, l'usine de la Tubize ;

En Allemagne, l'usine de Francfort.

Il s'en monte en ce moment aux Etats-Unis, en Autriche-Hongrie, et on parle de nouvelles usines en Russie, Italie et Espagne.

Bien que la matière première et son coût soient peu importants par rapport au prix de la main-d'œuvre dans la fabrication de la soie artificielle (une usine employant en moyenne une ouvrière par kilo de soie fabriquée, sans compter le personnel masculin qui est encore assez élevé), une des conditions essentielles pour que cette industrie française reste en France, c'est d'avoir une matière première bon marché et à des prix réguliers.

Par exemple, l'usine de Francfort emploie par an 25.000 hectolitres d'alcool (soit sous forme d'alcool, soit sous forme d'éther) et elle le paie 25 francs l'hectolitre ; cette matière première lui coûte donc 625.000 francs. Sachant que cette matière première lui coûtera cela pendant des années, elle peut passer des marchés pour la vente de ses produits.

Il en est tout autrement en France, où, malgré tous les congrès et les expositions pour les emplois industriels de l'alcool, ce liquide est plus cher et d'un prix irrégulier.

Si la même usine était donc en France, elle paierait sa matière première 25.000 hectolitres d'alcool à 45 francs, soit 1.125.000 francs, ou 500.000 francs de plus qu'en Allemagne.

Je sais bien, comme je l'ai montré par les brevets récents, que l'on tend de plus en plus à récupérer les dissolvants de la nitro-cellulose, mais les usines de soie seront toujours de gros consommateurs d'alcool.

Voici quelques renseignements d'usines :

Une usine pouvant fabriquer 500 kilos de soie de Chardonnet par jour coûte un million de francs ; son fonds de roulement doit être de 500.000 francs. La surface de ses bâtiments, très espacés, est d'environ un hectare.

Il lui faut 300 mètres cubes d'eau bien pure par heure.

Elle consomme 600 à 700 kilos de nitro-cellulose par jour ;
— 7000 à 8.000 kilos d'acides par jour ;
— 6000 à 7.000 kilos d'alcool et éther par jour ;

La force motrice nécessaire est de 250 chevaux.

Son personnel, de 700 à 800 personnes.

CHAPITRE TROISIÈME

SOIE A BASE D'ACIDE ACÉTIQUE

Procédé du Vivier. — Pendant que de Chardonnet poursuivait ses études et mettait au point la fabrication de la soie par la dissolution de nitro-cellulose dans l'alcool éthéré, d'autres inventeurs travaillaient en opérant sur d'autres matières.

Le premier en date est Gérard qui, le 6 septembre 1886, prit le brevet n° 178.366 pour « un produit industriel nouveau fournissant à l'état solide des fils et plaques susceptibles d'applications diverses et à l'état liquide constituant un vernis. »

Certaines matières visqueuses et notamment la gélatine fournissent des fils en en tirant de légères quantités à la fois dans la masse.

Mais les fils produits par de la gélatine sont cassants et solubles. Aussi pour remédier à cela je combine la gélatine avec plusieurs autres substances, créant un produit industriel nouveau.

J'emploie un dissolvant commun à ces diverses substances, de préférence de l'acide acétique cristallisable qui dissout la gélatine et le coton tri-azotique.

En les dissolvant séparément, et en les malaxant, la pâte n'a pas suffisamment de fluidité pour la formation d'un fil par étirage ; aussi je compose mon nouveau produit en mélangeant :

Gélatine. . . . .   5 parties.
Coton tri-azotique . . .   10 parties.

Ce mélange est préparé en faisant dissoudre séparément la gélatine et le coton tri-azotique dans les proportions ci-dessus et en mélangeant intimement ces deux substances après y avoir ajouté un vingtième de glycérine et des traces d'huile de ricin ou d'huile de lin manganésée.

J'ajoute ensuite la quantité d'acide acétique cristallisable nécessaire pour que le dissolvant soit dans la proportion de 125 parties pour les 15 parties du mélange de gélatine et de coton tri-azotique.

J'obtiens ainsi un produit qui, à l'état de pellicule, est insoluble et ininflammable, et qui peut être transformé en fils par tous les moyens convenables.

L'expérience a démontré, que pour cela, il était bon d'ajouter des traces de glycérine ou d'un corps gras.

Ainsi j'ai trouvé avantage à incorporer du gluten très pur qui se dissout en très petite quantité dans l'acide acétique, de la glucose et même du miel, qui donnent au fil une très grande souplesse. J'ai trouvé aussi avantageux, avant d'employer l'acide acétique comme dissolvant, d'y faire dissoudre des traces de chlorure de calcium, pour rendre absolument impossible l'inflammabilité de la matière.

Enfin je désazote complètement le coton qui est une partie importante de la constitution du fil, en le faisant bouillir dans une dissolution de proto-chlorure de fer ou d'acétate.

Avec de la gomme laque ajoutée à mon produit et une plus grande quantité d'acide acétique, j'ai un vernis magnifique.

Si j'étends mon produit sur des plaques de verre, après séchage j'ai une pellicule susceptible de grandes applications comme des imitations de dentelles.

Enfin on peut mouler le produit et on peut imiter parfaitement les plumes avec leurs tiges et leurs barbes.

Procédé Gérard. — Le même jour, 6 septembre 1886, Gérard prenait aussi le brevet n° 178.367 pour un procédé de fabrication de fils au moyen de matières visqueuses ou pâteuses.

La gélatine et les autres matières visqueuses, pâteuses ou gluantes, dans certaines conditions de liquidité et de température, sont susceptibles, par voie de traction hors de la masse, au moyen d'un pinceau, par exemple, de fournir des fils plus ou moins longs.

Il y a deux moyens pour cela : l'étirage et l'expulsion.

L'étirage est le mode de fabrication des fils de verre dont la matière est fournie par du verre en fusion ; mais ce moyen appliqué à des matières organiques telles que la gélatine ou autres matières visqueuses, pâteuses ou gluantes a l'inconvénient de donner un fil qui résulte de l'étirage d'une seule goutte et non de la masse entière. Le fil ne peut que s'amincir en s'allongeant jusqu'à ce qu'il vienne à se rompre ; on a donc forcément un fil court.

Pour obtenir un fil de grande longueur il n'y a pas d'autre moyen que de procéder par expulsion en plaçant la matière dans un appareil muni d'un orifice étroit. Mais si on applique ce procédé dans l'air on rencontre des difficultés : à l'orifice au début, il se forme une pellicule qui agglomère ce qui vient ensuite ; en outre le fil obtenu resterait visqueux comme la matière d'où il provient jusqu'à dessiccation complète. Mon procédé obvie à cela ; il consiste à opérer l'expulsion dans un milieu susceptible de produire les deux effets suivants :

1° Empêcher la matière de s'agglomérer autour de l'orifice ;

2° Coaguler la substance du fil au fur et à mesure qu'il se développe.

Ce milieu sera composé d'un gaz, d'une vapeur ou d'un liquide convenable dont la nature variera avec la matière employée pour la fabrication du fil ; ce milieu sera ou non chauffé.

Dans la plupart des cas l'eau ou un liquide quelconque seront l'agent le plus simple et le plus convenable.

Le fil sort de l'orifice d'une manière régulière et sa longueur n'est limitée que par la quantité de matière de l'appareil.

Le fil expulsé dans le milieu coagulateur, et coagulé à mesure qu'il y pénètre, est amené sur un rouleau pour être enroulé.

Procédé Gérard et du Vivier. (*Soie française.*) — Le 5 mai 1887, Gérard et du Vivier formaient une association pour l'exploitation d'une soie artificielle qu'ils nommaient soie française, société transformée en juin 1888 en société du Vivier et Cie, et voici la description du brevet n° 195.655 du 26 janvier 1889 de du Vivier, pour une composition dite « soie artificielle » propre à la fabrication des fils et plaques et ses procédés de préparation.

La composition nouvelle donne des fils qui ont l'aspect et les propriétés des fils fournis par les cocons des vers à soie.

En principe c'est une combinaison fournie par une dissolution de cellulose tri-nitrée dans l'acide acétique cristallisable. Le brevet est la description des appareils pour produire et traiter cette matière.

Il donne : 1° la description des organes d'une machine pour la préparation de la cellulose tri-nitrée ou coton azotique ;

2° La description d'un malaxeur pour effectuer le mélange des divers éléments constitutifs de la soie artificielle ;

3° Le mode de filtration.

La préparation du coton tri-azotique comprend deux opérations : l'alcalinisation et la nitrification.

Pour alcaliniser le coton je dissous 4 kilos de soude caustique dans 20 litres d'eau, je laisse refroidir et j'ajoute 80 litres d'ammoniaque du commerce à 22 degrés Baumé. Je plonge le coton dans ce bain à raison d'environ 10 litres de dissolution pour 1 kilo de coton ; on laisse macérer trois jours en remuant de temps en temps. Puis on retire le coton qu'on presse et lave à grande eau.

Le coton, une fois sec, est cardé afin d'ouvrir les fibres, et il est prêt pour la nitrification.

On place dans une grande tourie de grès pouvant se fermer 20 kilos de salpêtre purifié neige, broyé et chauffé à 45 degrés ; on y verse dessus, en trois ou quatre fois, environ 30 kilos d'acide sulfurique pur à 66 degrés Baumé, on remue jusqu'à ce que le liquide devienne clair et exempt de grumeaux ; la température du mélange doit être de 85 degrés ; si elle est plus basse, on chauffe avec un serpentin de vapeur ; si elle est plus forte, on refroidit avec un courant d'eau. Alors on introduit 1 kilo de coton par petites touffes, on ferme et on fait tourner l'appareil pendant 5 à 6 minutes, au bout desquelles on laisse tomber le produit dans un baquet plein d'eau. On lave bien complètement, on change dix à douze fois d'eau, et le coton nitrifié est séché à l'étuve. A l'intérieur de l'appareil on peut mettre des corps inertes, comme des morceaux de grès pour faire un malaxage plus énergique.

Je prépare alors trois solutions :

A. Solution de gutta-percha dans le sulfure de carbone à raison de 25 grammes de gutta pour 200 centimètres cubes de dissolvant.

B. Solution de colle de poisson (ichtyocolle) dans l'acide acétique cristallisable, à raison de 10 grammes d'ichtyocolle pour 200 centimètres cubes de dissolvant.

C. Solution de coton tri-azotique dans l'acide acétique cristallisable, à raison de 7 grammes de coton pour 100 centimètres cubes de dissolvant.

Je mélange à froid ces trois dissolutions en quantités telles que le mélange contienne les proportions suivantes :

Pyroxyle . . . . 4 grammes.
Ichtyocolle . . . . 1 gramme.
Gutta. . . . . 0 gr. 5.

J'ajoute au mélange 0 gr. 01 de glycérine et une goutte d'huile de ricin et je malaxe le tout. Lorsque le mélange est intime, on a un liquide visqueux que l'on soumet à deux filtrations d'abord au travers d'un tissu à mailles larges, puis à mailles plus serrées.

Pour ce filtrage on peut employer le vide ou la pression.

Par l'écoulement sous l'eau, par un orifice étroit, on obtient des fils qui peuvent traverser des bains destinés à leur donner l'aspect de la soie et de la résistance :

1° Un bain de soude, pour enlever l'acide acétique en excès ;

2° Un bain d'albumine à 3 pour 1000, pour animaliser la matière ;

3° Un bain de bichlorure de mercure à 54 pour 1000, qui coagule le fil.

On reçoit le fil à sa sortie du troisième bain dans une atmosphère d'acide carbonique gazeux qui achève la coagulation.

Pour diminuer sa combustibilité, on fait traverser au fil un bain d'ammoniaque à 10 pour 100, puis un bain de sulfate d'alumine.

Enfin le fil traverse un dernier bain d'albumine à 3 pour 1000 pour le lubrifier et faciliter le bobinage, le moulinage, etc.

On peut modifier le pourcentage de ces bains divers et on aura, suivant les proportions, des fils très brillants.

On peut faire avec ce produit des plaques.

On peut faire des applications sur les étoffes.

Un *certificat d'addition* du 16 octobre 1890 dit :

1° Si on soumet les fils à une compression énergique au sein d'un liquide, ou mieux d'un bain de savon, la ténacité en sera augmentée.

2° On peut introduire dans la soie de l'albumine, jusqu'à proportion de 40 pour 100.

3° On peut y introduire de l'osséine, de l'épidermose et de la fibroïne.

4° On peut appliquer à la soie artificielle les procédés de tannage électrolytique.

Le 14 octobre 1890, autre brevet n° 208.856 de du Vivier pour un procédé de dissolution dans l'acide acétique cristallisable de l'osséine, de l'épidermose (cornes, poils, plumes et parties diverses du corps des insectes) et de la fibroïne des fils de tous les insectes fileurs.

L'osséine, qui est un des éléments constitutifs des os dans la proportion de un tiers contre deux tiers de phosphates terreux, reste inattaquée dans des bains successifs d'acide chlorhydrique dilué, tandis que les phosphates sont entraînés par voie de dissolution.

L'osséïne ainsi obtenue est un corps élastique, insoluble dans l'eau, mais qui, soumis à l'action de l'eau sous pression et à une température relativement élevée, se transforme en un corps isomérique : la gélatine.

Si la constitution chimique de la gélatine est la même que celle de l'osséine, il n'en est pas de même de leurs propriétés physiques. Tandis que l'osséine est tenace et élastique, la gélatine n'est que très peu résistante, et elle n'est qu'un peu élastique sous forme de lames minces, même sous cette forme elle est cassante.

L'osséine offrirait des applications industrielles si son insolubilité dans les liquides les plus usuels n'y faisait obstacle.

Ce procédé permet de la dissoudre dans l'acide acétique cristallisable qui jusqu'ici n'avait pu effectuer que son gonflement.

Je traite l'osséine par l'acide acétique cristallisable additionné d'une faible quantité de cuivre ammoniacal ; j'obtiens ainsi une véritable dissolution.

Je puis détruire la couleur violet verdâtre du cuivre par la limaille de zinc placée au fond du vase où elle est maintenue par un diaphragme.

L'oxydabilité du zinc étant plus forte que celle du cuivre, il y a double décomposition et production d'ammoniure de zinc incolore.

La dissolution d'osséine obtenue éprouve au contact de l'eau une coagulation due à la mise en liberté de l'osséine avec toutes ses propriétés physiques primitives que l'on peut encore augmenter par l'addition de tannin.

On peut appliquer cette dissolution d'osséine à tou s objets, comme la soie artificielle, et on peut dire pour tous les corps (cornes, poils, etc.) ce qu'on a dit pour l'osséine.

Le même jour du Vivier prenait le brevet 208.857 pour un procédé de dissolution de l'albumine et de ses diverses applications.

La dissolution aqueuse d'albumine n'est pas très fluide, mais dans l'acide acétique cristallisable elle est plus fluide. La dissolution se fait par moyen indirect.

J'additionne la dissolution aqueuse d'albumine de soude légèrement carbonatée. La proportion la plus convenable paraît être trente-cinq parties en poids de soude pour cent parties d'albumine solide. Je dessèche à une température inférieure à 20 degrés, car au-delà l'albumine devient insoluble.

La matière obtenue est traitée par l'acide acétique qui en dissout facilement et rapidement l'albumine, tandis qu'il se produit de l'acétate de soude et un dégagement d'acide carbonique.

La dissolution d'albumine est un absorbant par excellence des matières tinctoriales ; on peut l'employer comme enveloppe des fibres de n'importe quel tissu, auquel on peut communiquer une belle coloration et un joli éclat.

CHAPITRE QUATRIÈME

SOIE A BASE D'HYDRATE DE CUIVRE

Procédé Despeissis. — Le 12 février 1890, Despeissis prenait le brevet n° 203.741 pour un nouveau procédé de fabrication de soie artificielle.

Il diffère de tous les précédents par la nature des produits employés, par les réactions chimiques sur lesquelles il est basé, par les résultats qu'on en obtient.

Tous les procédés proposés reposent sur la dissolution de la nitro-cellulose dans un mélange d'éther ou d'alcool, ou dans l'acide acétique cristallisable ou dans un autre produit possédant des qualités dissolvantes, mais, dit Despeissis, le pyroxyle est dangereux, les fils inflammables exigent un traitement chimique pour enlever leur inflammabilité, et on n'y arrive jamais complètement, d'autant qu'il faut pour cela y adjoindre des corps incombustibles (phosphates, silicates, sels d'alumine, gélatine, etc.). Ces corps nuiront à leur tour à la qualité des produits obtenus.

J'emploie comme matière première, non plus le pyroxyle, mais la cellulose pure que je dissous dans la liqueur cupro-ammoniacale (réactif de Schweitzer, cuprate d'ammoniaque) et la solution obtenue est emmagasinée dans un réservoir d'où on la fait sortir sous pression par des orifices capillaires.

Au sortir de ces orifices le jet visqueux de cellulose, dissoute dans la liqueur de Schweitzer, traverse un bain chimique spécial tel que d'acide chlorhydrique étendu d'eau, d'acide sulfurique dilué, d'acides acétique, oxalique, tartrique ou citrique faibles, d'alcool, d'acide phénique ou tannique dilué, etc., qui coagule la cellulose et la convertit en fibre solide, tout en lui enlevant une partie du cuivre et de l'ammoniaque qui l'accompagne par entraînement.

Puis la fibre passe dans un bain d'acide chlorhydrique dilué pour que la totalité du cuivre et de l'ammoniaque soit enlevée par action chimique et par osmose. L'acide chlorhydrique transforme la liqueur de Schweitzer en chlorure de cuivre et chlorhydrate d'ammoniaque, corps solubles qui se séparent du filament dans lequel est la cellulose pure.

Le bain d'acide chlorhydrique peut être remplacé par un autre bain chimique dont l'action serait également de donner des composés solubles de cuivre et d'ammoniaque.

On pourrait faire usage d'un bain d'eau chaude ou encore, pour aller plus vite, faire passer le filament sur des petites poulies de platine ou de carbone reliées au pôle positif d'une pile ; le pôle négatif serait en connexion électrique avec des plaques de cuivre ou de tout autre métal plongeant dans le bain : par électrolyse, le cuivre et l'ammoniaque se porteraient sur ces plaques.

Pour rapprocher la composition de la soie artificielle de celle de la soie naturelle qui contient des produits azotés, on peut additionner la solution de cellulose dans la liqueur de Schweitzer, d'une certaine quantité de substance d'origine animale, telle que l'albumine, les déchets ou bourre de soie.

On peut aussi faire passer le filament dans une solution d'albumine très diluée dans l'eau.

Pour activer la dissolution de la cellulose dans la liqueur

de Schweitzer, il est bon de la débarrasser au préalable des matières graisseuses ou résineuses, de l'amener à l'état de division et d'agiter souvent le mélange. Alors on filtre la solution préparée sur un filtre en sable ou en amiante pour retenir les parties non dissoutes.

On peut employer ce procédé pour donner aux fils, toiles de coton et de lin, chanvre, ramie, etc., l'aspect de la soie.

Malheureusement Despeissis ne tira aucun profit de son invention.

Procédé Pauly. — Le 1er décembre 1897, Pauly prit le brevet 272.718 pour un procédé analogue.

On dégraisse la cellulose par son lavage avec une solution alcaline diluée ; on la sèche et on la dissout dans une solution de cuivre ammoniacale. Cette dernière est obtenue par l'action de l'air sur du cuivre métallique en présence d'eau ammoniacale, soit que l'on ajoute s'il y a lieu un métal plus électro-négatif qui ne se dissolve pas, tel que le platine, soit que l'on applique le courant électrique, l'air pouvant aussi être remplacé par le gaz oxygène pur.

La solution doit renfermer au moins 15 grammes de cuivre par litre ; on fait dissoudre environ 45 grammes de cellulose par litre de cette liqueur.

Il faut huit jours pour que la dissolution soit complète, et elle se fait mieux à froid. Il faut filtrer, et on fait arriver la solution par des ouvertures très fines dans un liquide de précipitation, par exemple de l'acide acétique dilué qui sépare la cellulose que l'on sèche. On peut récupérer le bain de cuivre et l'ammoniaque à l'état de sels.

Procédé Fremery et Urban. — Le 10 mars 1899, Fremery et Urban, sous le n° 286.692, faisaient breveter un procédé de fabrication de produits cellulosiques d'une grande solidité et à l'aspect soyeux au moyen de la cellulose séparée de son dissolvant ou au moyen de l'hydro-cellulose.

Si on fait sécher les fils, pellicules ou autres produits fabriqués au moyen de la cellulose séparée de sa solution ou au moyen de l'hydro-cellulose, la cellulose se transforme constamment en une matière terne, friable, semblable à la porcelaine et de faible solidité.

Dans cet état son application est impossible dans beaucoup de cas. Nous avons vu que l'aspect terne et cassant de ces produits cellulosiques provenait du mode de séchage employé, et par expérience nous avons trouvé un procédé permettant de sécher les produits cellulosiques en leur donnant une grande solidité et un aspect soyeux magnifique.

Il faut exposer ces produits cellulosiques non immédiatement à 80 ou 100 degrés, mais à une température inférieure à 40 degrés et maintenir les fils de cellulose de façon qu'il ne puisse se produire aucune contraction des particules de la cellulose. On peut seconder ce procédé par l'emploi du vide ou par une circulation d'air énergique. On obtient ainsi des produits solides et brillants.

On peut ensuite procéder au traitement ultérieur usuel, c'est-à-dire humecter les produits ou les exposer à l'action des bains et les sécher ensuite à des températures plus élevées sans perdre de leur solidité et de leur brillant.

Un certificat d'addition du 14 octobre 1899, dit que les auteurs ont remarqué que le séchage doit se faire en deux phases.

Une première partie de l'eau contenue dans les fils se vaporise, en effet, assez rapidement, tandis que l'évaporation de la majeure partie de l'eau est très lente. Nous en avons conclu que cette dernière partie de l'eau était plus fortement combinée avec la molécule cellulosique et nous l'avons appelée « eau d'hydratation de la cellulose. »

Nous avons fait des expériences pour opérer la scission de l'eau d'hydratation et de la cellulose, afin de faire évaporer cette eau plus vite.

Par une simple élévation de température de l'étuve il n'y a pas de résultat, car le fil cellulosique brunit et perd son éclat.

Voici le procédé que nous revendiquons :

Les bobines sur lesquelles les fils ou pellicules cellulosiques, encore plus ou moins gélatineux, sont enroulés, sont immergées pendant un temps très court dans l'eau chaude de 70 à 100 degrés, ou mis en contact avec un courant de vapeur d'eau.

On arrive ainsi à l'élimination facile et totale de l'eau par le procédé décrit dans le brevet principal, et grâce à ce perfectionnement (action courte d'une température élevée en présence d'eau) le séchage n'exige plus que le quart du temps précédemment nécessaire.

Le 17 mars 1899, Fremery et Urban (n° 286.925) décrivaient « un procédé préparatoire de la cellulose en vue de sa dissolution directe dans des dissolvants appropriés tels que l'oxyde de cuivre ammoniacal, le chlorure de zinc, etc. »

Dans les dissolvants connus la cellulose se dissout très lentement et en faible quantité. Nous parvenons à augmenter cette dissolution par un traitement énergique avec des agents de blanchiment oxydants ou réducteurs, ou avec des agents chimiques tels que les sulfites, l'acide sulfureux, l'acide sulfurique, une solution de soude, une solution de soude et de sulfure de carbone, la cellulose pouvant alors aussi être transformée en hydro-cellulose comme pendant le traitement avec des acides minéraux faibles, ou en amyloïde comme pendant le traitement avec de l'acide sulfurique concentré (procédé de parchemination).

On obtient ainsi en temps plus court, et au-delà d'une proportion double, la dissolution de cellulose dans les dissolvants connus.

Si l'on traite le coton du commerce nettoyé ou non blanchi ou blanchi faiblement, par exemple de la ouate dégraissée, avec une solution de cuivre ammoniacal, on dissout 3 à 4 pour 100 de cellulose en plusieurs jours.

Si on soumet le même coton à un blanchiment préparatoire énergique, par exemple si on le laisse pendant douze ou dix-huit heures à l'action d'un bain de blanchiment contenant par litre 15 grammes de chlorure de chaux, le coton ainsi traité se dissout après lavage et séchage dans le même bain d'oxyde de cuivre ammoniacal dans la proportion de 10 pour 100 et en quelques heures.

Si le blanchiment était plus énergique encore on obtiendrait dans le bain d'oxyde de cuivre ammoniacal non plus une masse visqueuse et gluante, mais un produit liquide qui n'est pas approprié au traitement industriel ultérieur de la solution cellulosique pour la fabrication de la soie artificielle.

La cellulose récupérée de la solution cellulosique à 10 pour 100 mentionnée ci-dessus montre toutes les réactions de la cellulose pure et ne contient que des traces d'oxyde de cellulose ou d'oxy-cellulose.

L'action du bain de blanchiment dépend de sa teneur en agents oxydants ou réducteurs, ainsi que du temps pendant lequel elle s'exerce ; elle n'est pas la même pour les différentes sortes de cellulose ; ainsi un bain de blanchiment faible produit déjà l'effet voulu sur le coton, la fibre de ramie exige un traitement plus énergique, et pour la cellulose ligneuse le bain de blanchiment doit être plus concentré.

La cellulose qui a été soumise, par le traitement au moyen de l'acide sulfurique concentré, au procédé de parchemination et qui est désignée généralement sous le nom d'amyloïde, se dissout dans l'oxyde de cuivre ammoniacal dans une proportion plus élevée que celle qui n'est pas préparée dans ces conditions. Ainsi, par exemple, le papier parchemin produit au moyen d'acide sulfurique ou de chlorure de zinc se dissout au-delà de 10 pour 100. Une solution d'amyloïde de cette nature peut servir pour la fabrication de la soie artificielle au même titre qu'une solution de cellulose.

Nous avons constaté que l'hydro-cellulose se dissout dans une proportion aussi élevée que la cellulose préparée par un blanchiment énergique. On peut obtenir notamment cette hydro-cellulose en traitant de la cellulose pure dégraissée, par exemple de la ouate, avec de l'acide sulfurique à 3 pour 100, en pressant et en laissant sécher au contact de l'air sans laver ; on procède ensuite à un séchage complet à 40 degrés, on lave et on fait sécher de nouveau.

L'application de la cellulose parcheminée est d'autant plus avantageuse que la parchemination est plus parfaite, c'est-à-dire suivant que la cellulose organisée à l'origine a été plus complètement transformée en une matière amorphe, cornée et transparente.

La cellulose sulfitique et la cellulose sodique obtenues par le traitement au moyen d'une solution de sulfite ou d'une solution de soude se dissolvent également dans une proportion plus élevée que la cellulose naturelle.

Le traitement préparatoire, par exemple le blanchiment énergique ou la parchemination, paraît produire dans une certaine mesure une sorte d'épanouissement de la cellulose, déterminé généralement par la destruction de la cutila qui enveloppe la cellulose naturelle qui entre alors en réaction directe avec le dissolvant employé.

Ainsi le prix de revient des procédés basés sur l'utilisation de solution de cellulose pour la fabrication de la soie artificielle se trouve réduit.

Procédé du Consortium mulhousien. — Le 29 juin 1899 le Consortium mulhousien pour la fabrication des fils brillants prit le brevet n° 290.405 pour « la préparation de solutions concentrées et filables de cellulose. »

A différentes reprises la tentative a été faite de transformer des solutions de cellulose dans le cuivre ammoniacal en fils fins et brillants. La non-réussite de ces tentatives est due en partie au fait que la dissolution de la cellulose même exige un temps considérable pour se faire, même en employant le froid déjà recommandé par Mercer, et en partie à la faible solubilité de la cellulose, même si celle-ci est bien dégraissée et bien divisée.

La préparation des solutions était naturellement fort peu commode, les solutions étaient peu filables à cause de la faible proportion de cellulose dissoute, et les fils qu'on ne pouvait obtenir qu'à grand'peine n'avaient que peu de solidité.

Le procédé décrit ci-après évite de la façon la plus heureuse tous ces inconvénients et permet de transformer rapidement la cellulose en un nouveau composé qui se dissout aisément, directement, dans une solution concentrée et aqueuse d'ammoniaque.

Les solutions sont assez stables, même à une température plus élevée, et d'une bonne filabilité. La proportion de cellulose dans ces mêmes solutions pouvant être portée environ à 8 pour 100 et plus sans que la viscosité des solutions dépasse la limite permise pour un travail facile ; les fils, préparés en faisant sortir la solution sous pression par des orifices fins submergés dans de l'acide sulfurique, possèdent une solidité satisfaisante et une grande élasticité.

Pour la préparation du composé de la cellulose soluble dans l'ammoniaque, on amène du coton dégraissé comme d'usage, et de n'importe quelle provenance, ou bien de l'hydro ou oxy-cellulose ou bien de l'hydrate de cellulose, ou le mélange de ces corps à un état dans lequel elle est particulièrement apte à réagir et accessible à l'influence des agents chimiques, en le traitant à basse température pendant une heure à l'état de division parfaite avec de la soude caustique à environ 16 pour 100 de NaOH pur.

Il faut employer pour une molécule de cellulose ou d'un de ses dérivés susnommés (calculée par la formule $C_6H_{10}O_5$) exactement deux molécules de soude caustique pure (NaOH).

On place ensuite le produit dans un moulin à boulets et le mélange intimement, en évitant tout échauffement nuisible, avec une quantité d'un sel de cuivre (par exemple $CuSO_4 + SHO$) pulvérisé, équivalente à la quantité de soude caustique employée. Dans ces conditions il se forme une double combinaison d'hydrate de cellulose et d'hydroxyde de cuivre qui se décompose, par une addition d'eau, en hydroxyde de cuivre et d'hydrate de cellulose, mais qui se dissout facilement dans de l'ammoniaque concentrée avec une couleur bleu foncé en donnant une liqueur visqueuse et trouvant avantageusement emploi en impression et pour la préparation de fils fins luisants.

Sous le n° 290.406 le Consortium mulhousien pour la fabrication de fils brillants brevetait, le même jour, un « procédé pour la préparation de solutions concentrées et filables de cellulose dans la liqueur de cuivre ammoniacale ».

A la suite de nombreux essais il nous a été possible d'amener la cellulose à un état particulier d'hydratation grâce auquel elle se dissout promptement et complètement dans la liqueur ammoniacale de Wright en donnant un liquide assez fluide et visqueux d'une filabilité parfaite.

Il faut employer, pour une molécule de cellulose (calculée pour $C_6H_{10}O_5$) ou de dérivés de cellulose, un atome de cuivre (= 64 gr.) et environ 20 molécules d'ammoniaque supposée anhydre AzH^3 (poids moléculaire 17).

La préparation préalable de la cellulose dégraissée, dont dépend la filabilité des solutions, consiste essentiellement en un mercerisage à fond pendant une heure au moyen d'une lessive de soude à basse température, suivi d'un blanchiment convenable. En pratique on mercerise d'abord, on essore et on enlève l'excédent de soude, puis on hache le tout finement, on le soumet au blanchiment, on lave à fond, on essore et dissout la pâte dans la liqueur ammoniacale ; la dissolution se fait instantanément. Les fils obtenus sont solides et élastiques.

Le 23 septembre 1899, le Consortium mulhousien prend un certificat d'addition dont voici la teneur :

Je traite la cellulose dans une faible solution de blanchiment contenant au plus 2 grammes de chlore actif par litre pendant deux à quatre heures, puis j'hydrate fortement la cellulose par son traitement pendant une heure ou deux dans une lessive de soude concentrée à basse température et on lave.

On peut encore traiter à nouveau dans une liqueur de blanchiment tout à fait faible.

Il est préférable de ne pas faire sécher la matière ; il vaut mieux simplement soumettre la cellulose hydratée à l'action de la force centrifuge et la dissoudre directement à l'état humide. La dissolution a lieu presque immédiatement.

Plus la solution d'oxyde de cuivre ammoniacale est concentrée, plus elle peut dissoudre de cellulose.

On refoule la matière au travers de petits orifices dans un liquide qui décompose la solution et coagule la cellulose.

Procédé de la Cie de la Soie Parisienne. — Le 16 février 1900, la Compagnie française de la Soie parisienne prenait le brevet 297.278 pour des « Perfectionnements dans la préparation des solutions concentrées de cuivre dans l'ammoniaque ».

Les solutions de cuivre dans l'ammoniaque, qui ont été préparées par la méthode habituelle en plaçant des rognures de cuivre en excès dans un cylindre rempli d'ammoniaque concentrée et en y faisant passer un courant d'air pendant six heures, ne contiennent guère que 2 à 2,5 pour 100 de cuivre, et 10 à 15 pour 100 d'ammoniaque. On perd beaucoup de gaz ammoniac entraîné par l'air, et une autre partie est oxydée en nitrite.

Nous avons trouvé que l'on peut obtenir des solutions plus concentrées et plus pures du cuivre dans l'ammoniaque en opérant comme suit :

Pendant toute la durée de l'opération on maintient l'ammoniaque à 0 degré. Il suffit d'employer l'ammoniaque à 14 pour 100 parce que l'oxydation de l'ammoniaque en nitrite est assez faible à cette température.

Les solutions de cuivre ammoniacal presque pur obtenues ainsi ne sont stables qu'au froid. Si la température s'élève, une partie du cuivre est précipitée sous forme d'hydroxyde et une partie de l'ammoniaque est oxydée en nitrite.

Avec cette liqueur cuprammonique concentrée et préparée à froid, on peut faire des dissolutions concentrées de cellulose.

Le 17 novembre 1900, la Compagnie française de la Soie

parisienne prend le brevet 305.465 « pour un procédé de fabrication de fils de cellulose ayant un aspect soyeux ».

On sait que non seulement les solutions d'oxyde de cuivre hydraté dans l'ammoniaque peuvent dissoudre la cellulose, mais que certaines autres solutions de sels de cuivre dans l'ammoniaque sont également à même de la dissoudre. (Études de Schweitzer, 1857-1859.)

Jusqu'ici on n'a traité que des dissolutions de cellulose dans du cuivre ammoniacal et nous avons trouvé que l'on peut très bien filer les dissolutions de cellulose dans des solutions ammoniacales de certains autres sels de cuivre, à la condition que la teneur en cellulose solide de la dissolution de cellulose soit suffisamment forte.

Ce sont des solutions saturées de carbonate de cuivre dans un liquide ammoniacal aqueux à environ 16 à 18 pour 100 qui conviennent le mieux pour dissoudre la cellulose, mais à des températures basses, car les solutions à froid contiennent plus de carbonate de cuivre que celles préparées aux températures élevées.

La dissolution de cellulose se poursuit conformément au but, en présence du froid.

Les solutions ainsi préparées présentent cet avantage qu'elles peuvent sans danger contenir plus de cuivre qu'il n'en faut pour répondre aux rapports moléculaires.

De plus ces solutions s'altèrent moins que les dissolutions de cellulose dans le cuivre ammoniacal, attendu que les carbonates de cuivre n'exercent aucune action oxydante.

Le 5 mars 1901, la Compagnie française de la Soie parisienne, brevet n° 308.715, décrivait un « procédé pour la production de fils de cellulose résistants remplaçant la soie, extraits de solutions de cellulose dans des dissolvants directs ».

La cellulose dissoute dans des dissolvants directs (tels que la solution de cuivre ammoniacal, ou la solution de chlorure de zinc) peut être à nouveau séparée par la décomposition du dissolvant par les acides.

Mais on n'a pas étudié l'importance de la concentration des acides, ainsi que le genre même d'acides sur la qualité des produits obtenus.

C'est à l'acide sulfurique que nous donnons la préférence en raison de son bon marché, mais nous l'employons dans des conditions spéciales que nous faisons breveter.

Si on emploie notamment l'acide sulfurique dilué désigné sous le nom d'acide titrant de 10 à 20 pour 100, il s'ensuit qu'au tréfilage dans cet acide la séparation de la cellulose est imparfaite. La cellulose obtenue subit visiblement une certaine décomposition, les fils cassent souvent à l'étirage, et après séchage ils manquent de souplesse et de solidité.

Mais la séparation est bien différente lorsque l'on emploie de l'acide sulfurique très concentré de 30 à 65 pour 100 d'acide mono-hydraté.

La réaction très énergique qui s'opère alors paraît marcher d'accord avec une action intramoléculaire qui a pour résultat une liaison plus intime des fils de cellulose séparés. Par suite, les fils humides à leur sortie du bain se laissent étirer d'une manière très avantageuse et avec grande rapidité, à la condition toutefois que la solution de cellulose ait subi une bonne filtration, sans quoi les fils humides se déchirent au renvidage.

Les meilleurs résultats sont obtenus à une température ordinaire avec un acide titrant environ 50 pour 100.

Les acides trop concentrés exercent une action chimique trop forte et peuvent occasionner une désagrégation rapide des fils.

Procédé Thiele. — Le 16 avril 1902, Thiele, sous le n° 320.446, faisait breveter un « procédé de fabrication de fils au moyen de dissolution de cellulose. »

Jusqu'ici on fabriquait les fils en expulsant les dissolutions de cellulose sous pression à travers d'étroits tubes capillaires, au sein d'un milieu généralement liquide qui décompose la dissolution et fait figer la cellulose. J'ai modifié cela ainsi :

1° Comme solution de cellulose j'emploie une dissolution de cellulose dans une solution très concentrée d'ammoniate de cuivre, tombant dans un bassin d'un réservoir surélevé, et en passant par de petits orifices. Ces orifices d'écoulement ont un diamètre de un demi à un cinquième de millimètre. Le bassin d'environ 1 mètre de long contient, comme liquide précipitant, de l'éther. Les gouttes de dissolution qui pendent à la pointe des tubes sont saisies toutes ensemble au moyen d'appareils *ad hoc* et conduites à un cylindre de verre tournant, à l'extérieur du bassin, dans l'acide sulfurique. Les fibres sortant isolément du précipitant liquide et humectées de liquide, adhèrent fermement entre elles, de sorte qu'il n'est pas nécessaire de les réunir spécialement ; mais il convient de conduire le fil formé par un guidage.

2° Les orifices d'écoulement de la dissolution de cellulose sont disposés au fond du bassin de précipitation. Il devient ainsi possible de maintenir la température du liquide entourant les orifices d'écoulement plus basse que celle du liquide précipitant se trouvant dans le reste du bassin. Comme liquide j'emploie ici de l'eau.

3° Sur la couche supérieure d'eau plus chaude, contenue dans le bassin de précipitation, on verse une couche d'oléine d'environ un centimètre d'épaisseur qui agit comme un acide sur les fibres complètement étirées, et en outre élimine toutes les impuretés, etc.

Avec ces dispositifs j'obtiens des fils ne cassant plus, et une production plus rapide.

— Le 8 août 1903, Thiele prenait encore le brevet n° 334.507 pour un procédé consistant à opérer la formation des fils dans une colonne de liquide librement suspendue, c'est-à-dire dans une colonne de liquide qui n'est soutenue que par la pression de l'air, dans un récipient se terminant à sa partie inférieure par une petite ouverture.

C'est la description d'un appareil pour le filage du fil de soie.

Procédé Prudhomme. — Le 18 juin 1904, Prud'homme (qui, dès 1891, dans le *Moniteur scientifique* de Quesneville, avait indiqué l'action d'une solution concentrée de soude caustique pour faciliter la dissolution de la cellulose dans la liqueur cuprammonique) prend le brevet n° 344.138 pour « liqueurs alcalines de cuivre donnant des solutions concentrées et filables de cellulose et pouvant améliorer l'aspect et le toucher des fils et tissus de coton. »

Il revendique les points suivants :

1° Préparation de solutions de cuivre au moyen d'ammoniaque additionnée de soude ou de potasse caustique, par exemple :

> 100 grammes, sulfate de cuivre cristalisé.
> 400 grammes, eau chaude.

Dissoudre et mettre à 500 centimètres cubes, ajouter à froid :

> 800 cmc, ammoniaque à 21 degrés Baumé.
> 90 grammes, soude caustique à 40 degrés Baumé.

On peut ajouter d'abord l'ammoniaque, puis la soude, ou bien le mélange d'ammoniaque et de soude ;

2° L'application du froid pour faciliter la dissolution de la cellulose dans les solutions de cuivre ainsi préparées ;

3° L'emploi ménagé desdites solutions, pour transformer et améliorer l'aspect et le toucher des fils et des tissus de coton, sans qu'ils subissent de retrait.

Plusieurs usines exploitent ce procédé de cellulose soluble dans la liqueur cuprammonique pour la fabrication de la soie artificielle.

MM. Fremery et Urban exploitent l'usine d'Oberbruch (Allemagne).

M. Bronnert dirige l'usine d'Alsace.

La Compagnie française de la Soie parisienne exploite en France son procédé.

CHAPITRE CINQUIÈME

SOIE A BASE DE CHLORURE DE ZINC

Procédé Wynne et Powell. — Wynne et Powell, le 29 juillet 1885, sous le n° 170.369, firent breveter un procédé consistant à dissoudre la cellulose dans le chlorure de zinc et à utiliser la dissolution dans la fabrication de corps à incandescence.

Dans certaines conditions le chlorure de zinc dissout la cellulose.

Il faut pour cela :

Que la température soit de 100 degrés ;

Que le poids spécifique de la dissolution de chlorure de zinc soit de 1,8 ;

Que la dissolution soit exempte d'oxychlorure de zinc. La cellulose doit être employée sous la forme d'une substance diluée.

Les proportions peuvent varier, mais nous trouvons que 17 parties en poids de dissolution de chlorure de zinc pour une partie de laine de coton conviennent parfaitement.

Nous avons remarqué que d'autres solutions salines possèdent la même faculté, telles que la dissolution d'iodure de zinc, de chlorure de bismuth, de bromure de bismuth.

Nous avons découvert que la cellulose dans certaines solutions peut être précipitée et séparée de la solution dissolvante en la mettant en contact avec certains liquides. Ainsi nous obtenons de bons résultats avec l'alcool, l'éther acétique, l'acide acétique, l'ammoniaque, la glycérine.

Procédé Bronnert. — Le 2 octobre 1899, Bronnert prenait le brevet n° 292.988 pour un « procédé pour la préparation des dissolutions à titre élevé de cellulose dans le chlorure de zinc. »

Avec mon procédé on peut rendre la cellulose beaucoup plus soluble dans une solution de chlorure de zinc.

On a proposé de dissoudre la cellulose dans une solution de chlorure de zinc dont $d = 1,8$ ou dans d'autres sels de zinc (bromure de zinc, iodure de zinc) ou dans d'autres sels métalliques (chlorure de bismuth, bromure de bismuth), la solution de sel métallique en question pouvant contenir en outre d'autres sels alcalino-terreux tels que du chlorure de calcium, des sels terreux comme le chlorure d'aluminium ou même du chlorure de fer, mais à 100 degrés. Ces dissolutions devaient servir pour la fabrication des filaments de lampes électriques ou pour la soie artificielle.

Mais par expérience j'ai vu qu'il était impossible ainsi d'obtenir de la soie, car les fils obtenus sont très peu solides ; puis ces procédés ne permettent de dissoudre que 4 pour 100 de cellulose, et la chaleur occasionnait la décomposition plus ou moins profonde de la cellulose.

On a déjà proposé de traiter la cellulose d'une façon très énergique avant la dissolution en la soumettant pendant 12 à 18 heures à l'action d'une liqueur de chlorure de chaux contenant environ 5 grammes de chlore par litre. Cependant, dans ces conditions, la cellulose subit trop facilement une décomposition profonde pour que le procédé fût industriel.

Au cours de mes expériences j'ai reconnu qu'à l'aide de solution de chlorure de zinc on pouvait cependant fabriquer des fils de cellulose suffisamment solides, parce qu'il est possible d'augmenter la solubilité de la cellulose dans une solution concentrée de chlorure de zinc, lorsque la cellulose a été traitée préalablement de la manière que je vais décrire et que la dissolution est obtenue à froid.

A cet effet, la cellulose (coton dégraissé) est soumise à une hydratation énergique en la traitant à la température ordinaire pendant une heure avec une solution concentrée de soude caustique, puis en lavant à grande eau. Avant ou après cette hydratation on fait intervenir un blanchiment relativement faible. On emploiera de préférence une solution électrolysée de chlorure de sodium contenant environ 2 grammes de chlore actif par litre. Cependant tout autre oxydant faible peut être employé (eau oxygénée ou chlorure de chaux).

Il est avantageux et important, pour avoir de bons fils, de ne pas sécher les produits hydratés et oxydés. Au contraire, après les derniers lavages ayant pour but d'éliminer les sels on essore le produit simplement, on le découpe et le dissout directement et à froid dans une solution concentrée de chlorure de zinc.

On peut ainsi préparer des dissolutions visqueuses ayant une teneur de 8 pour 100, et plus, de cellulose et possédant une consistance convenable pour le filage à une faible pression et à froid.

On peut dissoudre les déchets de soie naturelle dans les solutions de chlorure de zinc concentrées ; on peut mélanger aux dissolutions de cellulose obtenues ci-dessus ces déchets de soie dans la proportion d'un cinquième, et on obtient de la soie artificielle brillante et résistante.

CHAPITRE SIXIÈME

SOIE A BASE DE VISCOSE

Procédé Cross, Bevan et Beadle. — Des chimistes et industriels anglais, Cross, Bevan et Beadle, ont fait breveter en Angleterre, le 7 mai 1892, n° 8.700, et en France, le 10 janvier 1893, sous le n° 227.034, un procédé pour la production de la cellulose soluble.

La cellulose sous ses différentes formes est attaquée et dissoute par certains réactifs dont les uns ont pour effet de produire une modification chimique plus ou moins profonde, tandis que les autres paraissent effectuer la dissolution d'une manière plus simple, c'est-à-dire sans modification sensible.

L'une des solutions de cellulose, celle produite par une solution de cuivre ammoniacale, a reçu d'importantes applications techniques, mais elles sont limitées en raison même de la solution et aussi par la nature du dissolvant et par son prix de revient.

Nous avons découvert une méthode pour dissoudre la cellulose d'une manière fort simple, au moyen de réactifs d'un prix relativement bas, et donnant un produit susceptible, en raison de ses propriétés, d'un grand nombre d'applications utiles.

On sait que lorsqu'on traite par une solution des alcalis caustiques la cellulose, sous une quelconque de ses formes

fibreuses, on obtient l'effet de la « Mercerisation » (du nom
de l'inventeur du procédé : Mercer) ; les fibres se gonflent
et deviennent transparentes, résultat de leur combinaison à
la fois dans l'alcali et avec l'eau. Si cette combinaison de la
cellulose avec l'alcali et l'eau est exposée à l'action du bisulfure de carbone, une réaction a lieu, les fibres se gonflent encore davantage, presque au point où elles se gélatinisent
complètement, et dans cet état le produit est extrêmement
soluble dans l'eau. La solution ainsi obtenue est jaune et
extrêmement visqueuse (1).

En effectuant le traitement sur une grande échelle, nous
employons pour matière première l'une quelconque des formes
de la cellulose telles que celles obtenues du lin, de la ramie, du
chanvre, du bois, ou le coton blanchi. Sous toutes ses formes,
nous imprégnons la matière, par un procédé quelconque, d'une
solution de soude caustique à 15 pour 100. Ayant enlevé
l'excès de la solution par la pression ou l'essorage, nous expo-
sons la matière contenant encore trois à quatre fois son poids
de la solution, et par conséquent 40 à 50 pour 100 du poids de
l'alcali (Na_2O) à l'action du bisulfure de carbone dans un vase
clos ou chambre close préférablement en zinc ou en terre
cuite, en y mettant de 30 à 40 pour 100 en poids de la cellulose de bisulfure de carbone.

En trois heures environ, à la température ordinaire, la réaction est terminée et le produit est prêt à être dissous dans
l'eau. En raison de la grande viscosité de celui-ci, la dissolution doit être effectuée au moyen d'un agitateur.

Cette solution, outre le dérivé de la cellulose qui est le
xanthogénate de cellulose ainsi obtenu à l'état soluble, contient le produit de la réaction entre l'alcali et le bisulfure
de carbone, c'est-à-dire les sulfo-carbonates alcalins. Pour
un grand nombre d'usages la présence de ces produits secondaires n'a aucun inconvénient, mais on peut les enlever en

____

(1) De là le nom de viscose.

grande partie ou bien les convertir en substances incolores solubles par un traitement que nous indiquerons plus loin.

Le dérivé soluble de cellulose a la propriété de se recon-vertir en cellulose :

1° Spontanément, c'est-à-dire lorsqu'on l'abandonne à lui-même pendant un temps assez long;

2° Lorsqu'on chauffe la solution de 80 à 100 degrés ;

3° Lorsqu'on traite par des agents d'oxydation.

Si par exemple on verse la solution sur une surface quel-conque, une plaque de verre, et qu'on l'abandonne pendant quelques heures à la température ordinaire, ou qu'on l'éva-pore à siccité à 100 degrés, il se forme une pellicule transpa-rente à laquelle on peut enlever les sels alcalins par le la-vage, puis par un traitement avec un acide étendu, puis enfin par un nouveau lavage. Le produit final possède toutes les propriétés de la cellulose, plus particulièrement en ce qui concerne sa résistance aux dissolvants, aux solutions alca-lines et aux agents d'oxydation.

Le dérivé soluble de la cellulose peut être également dé-posé sur les produits textiles, écheveaux ou pièces, ou bien peut être employé à recouvrir les fils et les toiles métalliques, et aussi pour un grand nombre d'autres applications.

La solution brute peut être traitée de différentes manières pour la modification ou l'élimination des produits secondaires de la réaction et pour la préparation de solutions incolores. Nous citerons les suivantes :

1° Acidification par certains acides faibles tels que les acides carbonique, acétique et lactique, et élimination de l'hydrogène sulfuré par le passage d'un courant d'air à tra-vers la solution ;

2° Addition d'acide sulfureux dans la proportion de moitié ou des trois quarts de la quantité de l'alcali caustique em-ployé. Il se forme le lithiosulfate (hyposulfite) de soude et il en résulte une solution à peu près incolore ne manifestant au-cune des réactions des sulfures ;

3° Enfin le dérivé de la cellulose peut être lui-même précipité par l'addition d'une solution concentrée de sel marin, le précipité est lavé par une nouvelle quantité de solution alcaline pour enlever les sulfo-carbonates alcalins, et ainsi lavé il est débarrassé autant que possible de la solution saline au moyen de la pression ou autrement.

Le produit purifié ainsi obtenu est blanc verdâtre et se dissout dans l'eau en donnant une solution presque incolore, possédant toutes les propriétés de la solution originelle.

Dans certains cas spéciaux l'alcool peut être employé comme agent de précipitation, le traitement est semblable à celui du sel marin. Par ce moyen les produits secondaires alcalins sont plus complètement éliminés et le produit peut être considéré comme dérivé de la cellulose à l'état de pureté.

Plusieurs matières brutes du règne végétal et des celluloses mixtes ou composées ne fournissent pas un produit extrêmement soluble dans l'eau. Ces substances sont également attaquées par notre procédé ; mais après le traitement par l'eau elles se divisent de manière à produire un mélange de dérivés solubles ayant les propriétés déjà indiquées et de fibres ou cellules non dissoutes.

Ainsi l'alfa et la paille, lorsqu'on les traite d'abord avec une solution alcaline concentrée et qu'on les expose ensuite à l'action du bisulfure de carbone, sont complètement désintégrés et le produit traité par l'eau donne une pâte épaisse ou magma, composée de dérivés cellulosiques dissous et de fibres ou cellules insolubles.

Ces mélanges sont susceptibles d'applications spéciales.

Le 11 décembre 1894, Cross et Bevan prirent sous le n° 243.546 un second brevet pour l'acétate de cellulose.

Nous préparons l'acétate de cellulose en partant d'un certain produit intermédiaire, composé de cellulose et d'acétate de zinc à l'état de combinaison ou de mélange intime.

Nous prenons la cellulose sous une de ses formes hydratées qui peuvent s'obtenir par la précipitation de la cellulose de sa solution, dans les solutions de chlorure de zinc ou de cuivre ammoniacal, ou bien de solutions qu'on obtient en traitant la cellulose fibreuse par l'alcali caustique et le bisulfure de carbone.

L'hydrate de cellulose est ajouté et intimement lié avec une solution concentrée d'acétate de zinc dans la proportion d'environ 150 parties en poids d'acétate de zinc cristallisé pour 100 parties en poids de cellulose sèche contenue dans la cellulose hydratée. Ce mélange est séché puis déshydraté à 110 degrés ; c'est le produit intermédiaire que nous employons pour la fabrication de l'acétate de cellulose.

Dans ce but on le pulvérise finement et on le mélange par doses successives avec une quantité définie de chlorure d'acétyle, en agitant et en refroidissant le mélange pour que la température soit inférieure à 30 degrés. On continue l'agitation jusqu'à ce que la réaction soit terminée. Le produit de la réaction est traité par l'eau pour enlever les sels de zinc ; puis après lavage, il est séché.

Afin de séparer de l'acétate de cellulose les résidus de cellulose non attaqués, on traite le produit par des dissolvants tels que le chloroforme qui dissout l'acétate de cellulose, mais non la cellulose. On filtre la solution d'acétate de cellulose, on la clarifie en l'abandonnant à elle-même, et la solution ainsi obtenue, filtrée, peut être employée.

Le produit ressemble de très près aux azotates de cellulose (nitro-celluloses) par ses propriétés physiques, mais il n'est pas explosif. De sa solution dans le chloroforme on l'obtient en pellicules ou feuilles transparentes suivant l'épaisseur de la couche évaporée. On peut donc l'employer comme succédané du collodion en chirurgie, pour les vernis.

Procédé Cross. — Le 23 novembre 1896, Cross, sous le n° 261.540, fait breveter une fabrication de l'alcali-cellulose.

L'alcali-cellulose a été fabriquée jusqu'ici en désintégrant mécaniquement la cellulose, et en traitant le produit par l'alcali caustique, allant jusqu'à quarante et cinquante parties de soude caustique pour cent parties de cellulose sèche. La désintégration mécanique est pénible, coûteuse, inefficace.

Aussi je désintègre par une modification du procédé simple et économique du traitement par un acide qui amène la cellulose mécaniquement et chimiquement à un état tel qu'il exige moins d'alcali.

Dans ce but je fais bouillir ou digérer la cellulose dans un vase ouvert pendant plusieurs heures, avec de l'acide chlorhydrique étendu (environ une partie d'acide chlorhydrique pour cent parties d'eau) ou avec de l'acide sulfurique étendu (deux parties d'acide pour quatre-vingt-dix-huit parties d'eau) jusqu'à ce que la cellulose soit à l'état friable.

On peut traiter sous pression dans des digesteurs inattaquables aux acides.

La masse obtenue est traitée à l'aide d'une meule verticale avec une solution de soude caustique en proportions convenables, de manière à obtenir un produit qui est l'alcali-cellulose, contenant 40 à 50 pour 100 de cellulose, 10 à 12 pour 100 d'alcali et 38 à 50 pour 100 d'eau.

Elle est dans un état pulvérulent très favorable au traitement par le sulfure de carbone pour la préparation du sulfocarbonate.

Procédé Luck et Cross. — Sous le n° 282.320, Luck et Cross firent breveter, le 21 octobre 1898, un procédé pour la préparation de la nitro-cellulose.

La nitro-cellulose fabriquée ordinairement conserve la structure fibreuse donnant des difficultés pour son traitement ultérieur. Notre invention remédie à cela, en réduisant la nitro-cellulose directement à un état amorphe. Dans ce but nous soumettons la nitro-cellulose soit en masse, soit granulée, à l'action de dissolvants tels que l'acétone, l'éther acétique, la pyridine, la nitro-benzine, etc., dilués avec une quantité déterminée de liquide inerte.

En employant l'acétone ou un autre dissolvant pouvant se mélanger avec l'eau, c'est celle-ci qui servira à diluer, mais si le dissolvant comme la nitro-benzine ne se mélange pas avec l'eau, c'est l'alcool que nous prenons pour diluer.

Ces liquides détruisent rapidement et complètement l'état fibreux de la nitro-cellulose et en même temps ils lui enlèvent une certaine quantité d'impuretés.

Procédé Subrenat. — Le 20 décembre 1902, Subrenat prenait le brevet 328.179 pour un « procédé nouveau de brillantage des fibres textiles végétales, en fils ou tissus, par application du xanthate de cellulose. »

Le xanthate de cellulose appelé « viscose », dont la préparation a été découverte par Cross et Bevan, est un dérivé soluble de cellulose qui se décompose spontanément en hydrate de cellulose insoluble et en produits de réaction entre l'alcali et le sulfure de carbone qui ont servi à sa formation.

La viscose peut être appliquée soit en couche étendue superficiellement au tissu, soit au contraire par pénétration à travers la matière textile ; c'est sur ce dernier principe d'application qu'est basé mon moyen nouveau de brillantage.

La viscose appliquée par pénétration à travers la matière textile sans traitement consécutif de brillantage ne communiquerait au fil aucun brillant, mais par le procédé suivant on a un beau et solide brillant.

1° J'imprègne la matière textile d'une solution de xanthate de cellulose ;

2° Je sèche à une température relativement peu élevée pour ne pas provoquer la décomposition hâtive du xanthate par la chaleur ;

3° J'humecte légèrement pour redissoudre la viscose superficiellement à la fibre ;

4° Je brillante par friction, pression, gaufrage, laminage, brossage, etc. ;

5° Je provoque enfin la décomposition du xanthate de cellulose.

L'hydrate de cellulose ainsi fixé sur la fibre à l'état brillant reste brillant.

Procédé Stearn. — Le 31 mars 1903, Stearn, dans le brevet 330.753, décrit un « procédé de fabrication de filaments de cellulose. »

Il se rapporte au traitement des composés de cellulose connus sous le nom de « viscose » et de certains de ses dérivés dont la préparation est décrite dans le brevet français 227.034 de Cross, Bevan et Beadle.

La viscose est un xanthate double de cellulose et d'une base ; il peut être obtenu de préférence par le traitement de la cellulose dans une solution de soude caustique et le produit résultant par le bisulfure de carbone.

On prend 100 kilos de cellulose (de préférence sous la forme de pâte de bois blanc) ; on la recouvre d'une solution de soude caustique dans l'eau contenant de préférence 17,7 pour 100 de soude. La pâte est trempée dans cette solution vingt-quatre heures. L'excès de solution est ensuite enlevé par pression jusqu'à ce que la pâte mouillée ait environ un poids triple du poids qu'elle avait à l'état sec. Le produit est emmagasiné dans des vases clos pendant quarante-huit heures pour que la solution alcaline pénètre la cellulose. Il est ensuite placé dans un vase clos avec 75 kilos de sulfure de carbone et agité de préférence par un mouvement de rotation jusqu'à réaction complète. La durée de l'opération est d'environ cinq heures. Le produit est ensuite exposé à l'air peu de temps pour permettre l'évaporation d'excès de sulfure de carbone. On ajoute à la masse 54 kilos de soude caustique dissous dans 300 litres d'eau, on agite pour avoir une masse homogène.

Le produit ainsi formé est un xanthate double de cellulose et de soude en solution dans un excès de soude caustique libre. La viscose ainsi formée est facilement soluble tout d'abord dans l'eau, l'eau salée, la solution de soude caustique ou dans des acides faibles tels que l'acide acétique ou l'acide lactique. Au bout d'un certain temps cependant, le composé de viscose se scinde progressivement, la quantité de cellulose combinée restant constante, tandis que les corps dérivés directement du sulfure de carbone et de la soude caustique tendent à se séparer et à former des combinaisons chimiques indépendantes de la cellulose elle-même.

Ainsi, si on considère la formule de la cellulose comme étant $C^6H^{10}O^5$, la réaction qui donne naissance au xanthate consiste à remplacer une molécule de H par CS^2Na, et la viscose formée tout d'abord peut s'exprimer par la formule $C^6H^9O^5CS^2Na$.

L'action du temps sur cette solution forme une série de composés de cellulose qui peuvent être désignés par les formules :

$$C^{12}H^{19}O^{10}CS^2Na, \quad C^{18}H^{29}O^{15}CS^2Na, \quad C^{24}H^{39}O^{20}CS^2Na, \text{ etc.}$$

On voit que la quantité totale de cellulose combinée reste la même, tandis que les proportions des autres corps en combinaison vont progressivement en décroissant. Pendant cette décomposition la solubilité des composés de cellulose se modifie ; ainsi, dans la deuxième phase, le composé est soluble dans l'eau, la soude caustique et les acides faibles, mais l'eau salée le transforme en masse gélatineuse.

Dans la quatrième phase $C^{24}H^{39}O^{20}CS^2Na$, il est insoluble dans l'eau et dans les acides ci-dessus nommés, mais il reste soluble dans une solution de soude caustique d'une force convenable. Par neutralisation d'excès de soude caustique dans la solution, la matière peut être facilement précipitée en masse gélatineuse.

Toutes ces conditions permettent d'obtenir la matière sous la forme la plus convenable pour la formation de filaments et leur terminaison subséquente à l'état de filés.

Dans ce but on procède ainsi : le premier produit qui vient d'être décrit, c'est-à-dire la viscose, maintenu en solution en présence d'un excès de soude caustique, est emmagasiné dans un vase clos pour permettre de régler la décomposition progressive. La vitesse de la décomposition dépend de la durée et de la température, et on peut dire, en général, qu'à une température plus élevée il faut un temps moindre pour atteindre une phase quelconque, mais il est bon de ne pas dépasser 15 degrés. Dans ces conditions, lorsque la solution èst restée sept jours environ, la décomposition aura suivi son cours, et le composé résultant aura atteint la quatrième phase, la viscose restant encore sous la forme soluble dans une solution contenant un excès de soude caustique non combiné avec la cellulose.

Dans cette phase, la viscose est dans les meilleures conditions pour la formation de filaments, puisqu'elle est transformée en masse gélatineuse avec une grande facilité, en employant une solution de précipitation comparativement faible qui ne nuira pas à la ténacité ou autres caractères principaux du filament.

La précipitation ou gélatinisation est produite en neutralisant la solution de soude caustique qui maintient la viscose en solution, et le meilleur agent de précipitation paraît être une solution de sulfate d'ammoniaque; toutefois on peut employer d'autres réactifs n'exerçant pas sur la viscose d'action nuisible.

Le brevet décrit ensuite les appareils pour la formation et la filature des filaments.

Société « La Viscose ». — Le 8 août 1903, la Société Française de la Viscose prenait le brevet 334.515 pour des « Perfectionnements à la fabrication des fils de viscose. »

La viscose brute est chargée d'une quantité considérable de sulfures alcalins qui, lorsqu'on traite la viscose pour séparer la cellulose ou ses composés par des sels ammoniacaux, réagissent avec ces sels et provoquent la formation de composés ammoniacaux volatils, tels que le sulfure et le sulfhydrate d'ammonium. Lorsqu'un fil est formé de filaments produits dans ces conditions, ces filaments tordus ou enchevêtrés adhèrent entre eux et forment des fils raides ou durs.

Le brevet évite cet inconvénient, en faisant passer le fil

au sortir des bains ammoniacaux dans une solution du sel d'un métal qui forme un sulfure insoluble sous l'action des sulfures ou des hydrosulfures alcalins.

On emploie par exemple : une solution de sulfate ferreux à 10 pour 100 environ ; cela produit la précipitation de la plus grande partie du soufre présent sous forme de sulfure ou hydrosulfure à l'état de sulfure de fer.

L'ammoniaque se combine avec le radical acide du sel de fer.

La suppression de sulfure d'ammonium est un avantage ; ces fils sont meilleurs et plus doux au toucher.

Au lieu de sulfate ferreux (composé d'oxyde ferreux et d'un radical acide), on peut employer un sel soluble de zinc, ou l'oxyde de zinc, ou un sel de manganèse.

Le 14 août 1903, la Société Française de la Viscose prenait le brevet 334.636 pour « purification du xanthate de cellulose en vue de la préparation de la cellulose. »

Le mûrissement de la viscose, c'est-à-dire sa transformation en corps plus condensés susceptibles d'applications industrielles, s'accomplit jusqu'à présent par l'action seule du temps et de la température ambiante. Cette action est lente, car pour des grandes masses il faut de six à sept jours.

Aussi, si on porte la viscose à une température de 45 à 50 degrés, on détermine la coagulation de la masse en quelques heures. La matière agglutinée est divisée et lavée par une solution saline susceptible de dissoudre les sous-produits sans amener l'insolubilisation du xanthate dans les lessives alcalines. On peut se servir indifféremment de sel marin, de sulfate d'alumine, d'alun, de bicarbonate de soude, etc.

Le xanthate en C^{24} ainsi purifié est dissous dans la soude caustique pour reconstituer une viscose renfermant une proportion mininum de corps sulfurés solubles.

Le 25 novembre 1903 la même société prenait un certificat d'addition à ce brevet pour la « purification du xanthate de cellulose. »

Cette addition a pour objet le perfectionnement du mûrissement de la viscose.

Dans ce procédé les solutions de viscose sont portées à une température de 45 à 50 degrés pour amener la coagulation complète. Si la température dépasse 50 degrés, le coagulum se forme par masses compactes et dures, difficiles et presque impossibles à purifier.

Le lavage du C^{24} peut être fait avec diverses dissolutions salines, notamment avec des sulfites alcalins ou alcalino-terreux, seuls ou concurremment avec du sulfate d'alumine, de l'alun, du bicarbonate de soude, du sulfate de soude, du chlorure de sodium, etc.

Le 28 septembre 1903, sous le n° 335.598, la Société Française de la Viscose faisait breveter un « Apprêt formé d'un enduit de viscose. »

Les apprêts dont on recouvre les fils, tresses ou rubans de coton, lin, jute, etc., et principalement destinés à la passementerie, ont généralement comme principe agglutinant l'amidon, la dextrine, la gélatine ou la cire. Ils sont peu résistants à l'eau, aussi on les teint avant de les apprêter.

Avec un enduit de viscose appliqué directement sur le coton, le lin, le chanvre, on a un apprêt fixe qui résiste à l'eau, à la chaleur, aux agents chimiques, et on a en plus une surface homogène et brillante.

On obtient une raideur identique à celle du crin animal; le produit est susceptible de conserver les plus fins gaufrages. Enfin la résistance des fils est augmentée, et l'enduit fait corps avec le coton qu'il recouvre.

La viscose ainsi utilisée s'obtient par des moyens brevetés antérieurement par l'action combinée sur la cellulose de la soude caustique et du sulfure de carbone.

Le 19 février 1904, la Société Française de la Viscose prenait le brevet 340.563 pour « perfectionnements au traitement de la viscose. »

Dans le traitement de la viscose, on gélatinise par le

passage de la matière dans un cuiseur malaxeur. Ce n'est pas sur cette partie du traitement que porte la présente invention ; voici en quoi elle consiste : après que la matière a été coagulée et refroidie, on la traite ainsi : on soumet la matière à l'action simultanée du lavage par une solution saline et de l'essorage par une essoreuse. Comme on agit sur une masse polysulfurée, il faut construire cette essoreuse en poterie ou en métal inattaquable par les polysulfures, par exemple l'aluminium. La viscose coagulée est mélangée immédiatement soit dans le cuiseur même, soit en dehors, avec une solution de sel marin renfermant ou non de la chaux et de la magnésie, ou avec un mélange de sel marin et de bicarbonate de soude.

On prendra, par exemple, pour 100 kilos de viscose à 10 pour 100 de cellulose, une solution de 100 litres d'eau contenant 10 pour 100 de sel marin et 10 pour 100 de bicarbonate de soude. La masse pâteuse est ensuite envoyée à l'essoreuse qui expulse d'abord l'eau mère.

L'appareil étant en marche, on verse en quantité plus ou moins forte dans le panier une nouvelle solution saline à 50 pour 100 de chlorure de sodium.

Il y a ainsi élimination des sous-produits sans aucun effet nuisible sur la solubilité de la cellulose.

Le 24 février 1904, sous le n° 340.690, la Société de la Viscose prenait un brevet pour un « appareil pour l'extraction de l'air et du sulfure de carbone libre contenus dans la viscose. »

La viscose doit être pure de toute trace d'air en suspension, et de sulfure de carbone libre tenu en solution, car sans cela dans la filature le fil se rompt au ras de la filière lors de la sortie des bulles d'air ou de gaz sulfo-carboniques dans le bain de fixage.

Aussi le brevet intéresse-t-il un appareil à vide où on amène la viscose sur un cône qui tourne, et la viscose s'écoule dans une gouttière à l'abri de l'air.

La Société Française de la Viscose a encore fait breveter les appareils suivants :

N° 339.564, 13 janvier 1904. — Un appareil cuiseur.

N° 340-812, 27 février 1904. — Une machine automatique à fixer, et faisant la traction nécessaire du fil.

N° 340.871, 1er mars 1904. — Un système de filtre à cellulose.

N° 345.274, 30 juillet 1904. — Filière tournante pour filature de soie artificielle.

N° 345.293, 1er août 1904. — Robinet à débit variable et réglable pour filières de soie artificielle.

N° 345.320, 2 août 1904. — Table de filature pour la soie artificielle à marche continue et à fonctionnement automatique.

N° 345.343, 3 août 1904. — Tête de filière pour filature de la viscose.

N° 345.373, 4 août 1904. — Débrayage des boîtes d'arrimage pour métiers à filer la viscose, etc.

La Société Française de la Viscose a une usine à Arques.

CHAPITRE SEPTIÈME

PROCÉDÉS DIVERS

J'ai retrouvé aux brevets, et je les cite plutôt comme curiosités, les brevets de Daddi et de Grognet.

Procédé Daddi. — Le 15 mai 1883, Daddi prenait le brevet 155.480 pour la « soie végétale ».

On prend de jeunes branches du mûrier et même l'écorce du mûrier.

POUR UN KILO DE SOIE. — Il faut 4 kilos d'écorce que l'on met dans un vase avec de l'eau froide, puis on chauffe et l'on jette dessus :

Acide azotique	20 gouttes.
Acide sulfurique	5 gouttes.
Chlorure de sodium	20 grammes.

On porte à l'ébullition et on remue. Puis on retire la matière, on la lave à l'eau froide, la presse, la sèche, la bat pour la débarrasser des corps étrangers. On a alors un produit grège, jaunâtre, composé de fils se tenant, faciles à séparer, fins, doux au toucher et d'une apparence soyeuse.

Procédé Grognet. — Le 9 février 1883, Grognet prenait le brevet 153.596 pour l' « application en France d'une soie minérale ».

Ce textile est assez ressemblant à l'amiante, mais il n'en est pas; il possède une grande solidité de fibres que l'amiante ne possède pas.

Cette soie minérale se rencontre au Canada, dans l'Etat de New-York et dans la Tarentaise, généralement dans une chape de quartz qui lui sert de gangue.

Procédés Cadoret, Degraide et Jost. — Le 27 janvier 1892, Cadoret et Degraide prenaient le brevet 218.903 pour la « cellulosine », matière plastique et incombustible.

La cellulosine est un produit d'origine végétale. La cellulose en est la base. Pour l'obtenir on se sert indifféremment de coton, de paille, de bois, de chanvre, etc., que l'on traite successivement par des lessivages aux alcalis et à l'acide oxalo-saccharique.

L'acide oxalo-saccharique s'obtient en délayant 2 kil. 5 de mélasse et 2 kil. 5 de fécule dans 10 litres d'eau. Lorsque le mélange est établi, on ajoute 6 litres d'acide azotique à 36 degrés et on chauffe; les vapeurs nitreuses se dégagent, et les substances se dissolvent.

La cellulose ainsi préparée est très pure; on la sèche et la traite en la laissant séjourner dans une solution d'un bisulfate quelconque en solution dans l'acide sulfurique. On mélange cette première liqueur à une deuxième composée d'une partie d'un azotate quelconque pour deux parties d'acide azotique.

Alors la cellulose est transformée, il faut la blanchir au moyen d'un hypochlorite double de soude et de magnésie obtenu ainsi :

Dans une cuve de 2.000 litres d'eau on fait dissoudre :

Chlorure de chaux.	144 kilos.
Carbonate de soude.	20 —
Sulfate de magnésie	34 —

Le liquide est soutiré au repos, et ramené au degré chlorométrique nécessaire, puis additionné d'acide oxalo-saccharique dans les proportions convenables.

La pâte lavée et déchlorée (par l'acide oxalo-saccharique) est séchée et incorporée avec un composé que nous nommons « cellulose » et que l'on obtient en décomposant l'essence de térébenthine en présence d'un métal par un courant gazeux d'acide chlorhydrique.

Afin d'assurer l'incombustibilité de la « cellulosine », on fait dissoudre dans le chlorure de zinc l'une quelconque des substances minérales qui y sont solubles. La masse est travaillée par les machines quelconques et colorée ensuite.

La « cellulosine » est soluble dans certains véhicules et elle peut être étirée en fils fins et soyeux.

Le 8 juin 1894, Cadoret et Jost prenaient sous le n° 239.138 un brevet pour la conversion chimique de tous végétaux propres à la confection des tissus en fils souples et soyeux applicables à la filature et à la teinture.

Ce procédé s'applique tout spécialement à la conversion de fils textiles de substances ayant jusqu'à ce jour peu ou point d'applications ; tels sont par exemple le genêt, les tiges d'artichaut, le chardon, les urticées, etc.

Nous plaçons ces végétaux dans une cuve quelconque, nous faisons le vide au-dessus, les pores du tissu cellulaire se dilateront et se trouveront dans un état tel que si on fait arriver sur eux un liquide quelconque ils s'en imprégneront directement.

Le liquide fermentescible est composé :

> D'ammoniaque.
> De bière aigrie.
> D'urine.
> D'eau phosphatée.

Les végétaux s'en imprègnent ; on cesse de faire le vide, et on porte la température à 30 degrés ; la fermentation se développe. On fait sortir le liquide de la cuve, on lave le végétal à l'eau pour éliminer les produits devenus solubles. On peut oxyder le végétal avec un hypochlorite quelconque pour éliminer les matières colorantes, puis on lave avec de l'eau légèrement ammoniacale.

Au-dessus du végétal on pratique le vide dans la cuve, et on fait arriver une composition d'eau, de soude, d'ammoniaque en proportions variables ; quand le végétal est imprégné on laisse entrer l'air ; on chauffe pour porter le liquide à l'ébullition ; le lessivage doit s'opérer à la pression de 2 à 4 atmosphères, et, après quelques heures de cuisson, on arrête le feu et lave à grande eau.

On blanchit avec l'hypochlorite double de zinc et de magnésium obtenu en broyant ensemble :

```
100 kilogrammes de chlorure de chaux.
55      —      de sulfate de magnésie.
30      —      de sulfate de zinc.
200     —      d'eau.
```

On laisse le mélange se déposer et l'on prend de la partie limpide une quantité suffisante que l'on mélange avec une proportion d'eau convenable. Cet hypochlorite très instable cède facilement son chlore. Lorsque le textile est blanchi, on lave à l'eau pure, puis à l'eau acidulée, et finalement on déchlore par un antichlore quelconque.

On peut savonner avec un composé d'eau, de savon, de benzine, de fiel de bœuf décoloré, de carbonate de soude, d'ammoniaque.

On peut assouplir en ajoutant de l'huile de ricin.

Le 2 juin 1896, sous le n° 256.854, Cadoret faisait breveter le « textiloïd. »

Le « textiloïd » est une matière plastique qui a pour base les produits que j'ai obtenus par la saponification et l'oxydation des huiles, auxquels je donne le nom de « résinolines » pour les différencier des résines naturelles.

Pour préparer les résinolines on saponifie à chaud une

huile quelconque par un carbonate métallique (par exemple de plomb) que l'on décompose par l'acide azotique et que l'on sature par un alcali.

Par refroidissement le savon prend une couleur différente suivant l'huile qui a été employée.

Décomposés par un acide quelconque et repris par un dissolvant (alcool, éther, etc.), ces savons oxydés abandonnent par évaporation la *résinoline* qui leur est propre.

Les résinolines combinées :

1° Avec les résines naturelles ;

2° Avec la cellulose nitrique ;

3° Avec la cellulose ;

4° Avec des substances d'origine animale ;

5° Avec le mélange de ces substances,

constituent le textiloïd.

Le textiloïd peut être transparent comme le verre, ou blanc, ou coloré. Il est ininflammable, car les résinolines en brûlant dégagent de l'acide carbonique.

Il est très élastique, soumis à la chaleur il se ramollit et s'étire sous forme de fils fins, et il peut servir à l'imitation de la soie.

La *Revue de Chimie industrielle* de 1893 (pages 284, 285, 286) donne un autre procédé de fabrication de la soie artificielle par Cadoret.

Ce n'est plus un liquide que l'on file, mais une substance plastique. Les phases de l'opération sont au nombre de huit, savoir :

1° Préparation de la cellulose ;

2° Conversion de la cellulose en cellulose nitrique ;

3° Blanchiment ;

4° Dissolution de la cellulose nitrique ;

5° Travail de la matière ;

6° Incorporation des substances d'origine animale ;

7° Filage ;

8° Passage au tannin.

1. — Préparation de la cellulose. — C'est la cellulose de coton bien pure qui est la meilleure; aussi on prend de vieux chiffons de coton que l'on lessive à la soude, on les lave bien, puis on les savonne. Après plusieurs lavages on les fait passer trois ou quatre heures dans de l'eau acidulée par l'acide sulfurique. La cellulose est alors pure.

2. — Conversion en cellulose nitrique. — La cellulose séchée est soumise à un mélange d'acide nitrique à 42 degrés et d'acide sulfurique à 66 degrés; après une demi-heure de contact avec ces acides nous obtenons la cellulose azotique sous forme de dinitro-cellulose.

3. — Blanchiment. — Le blanchiment joue un grand rôle pour la dissolution dans les dissolvants; il faut éviter la présence de chaux dans la cellulose, aussi nous employons un hypochlorite double d'aluminium et de magnésium obtenu en broyant ensemble :

100	kilogrammes	de chlorure de chaux.
60	—	de sulfate d'aluminium.
23	—	de sulfate de magnésium.
2.000	—	d'eau.

Cet hypochlorite, très instable, cède facilement son chlore et blanchit bien et rapidement.

4. — Dissolution de la cellulose nitrique. — On réduit la cellulose nitrique blanchie en poudre, et on la place dans une cuve en zinc où on la met en contact avec le mélange des substances suivantes qui en amène la dissolution :

A 50 kilogrammes de cellulose nitrique, on ajoute le mélange suivant :

Acide acétique cristallisable. . . .	0	kilogr.	800.
Ether.	9	—	200.
Acétone	18	—	400.
Alcool à 95 degrés.	6	—	600.
Toluol	3	—	

dans lequel on fait dissoudre au préalable :

> Camphre . . . . 2 kilogrammes.
> Huile de ricin 10   —

Au bout de 24 heures on obtient une pâte.

5. — TRAVAIL DE LA MATIÈRE. — La masse formée est découpée puis travaillée sur des cylindres chauffés à la vapeur. Elle prend peu à peu de la consistance et devient élastique au bout de 2 à 3 heures. Les vapeurs qui s'échappent pendant l'opération sont récupérées.

6. — INCORPORATION DES SUBSTANCES D'ORIGINE ANIMALE. — Lorsque le produit est sur la calandre, on refroidit les cylindres et on laisse couler l'une des substances animales suivantes, en solution dans l'acide acétique cristallisable, soit de la gélatine, de l'albumine, de la protéine, etc. La masse est coupée en morceaux et travaillée pour que l'incorporation se fasse bien uniformément.

7. — FILAGE. — A la sortie de la calandre, la matière est plastique et soyeuse ; on l'introduit dans une estuffine ayant à la base inférieure mille filières de un dixième à un vingtième de millimètre. On actionne la machine et les fils solides qui en sortent sont directement conduits sur un cylindre qui les enroule.

Avec une seule de ces machines on peut faire par jour 2 kilos de soie.

8. — PASSAGE AU TANNIN. — On dévide les fils formés, les réunit en écheveaux, et les met en contact avec une solution de tannin qui leur donnera de l'élasticité.

Le prix de revient du kilo de soie obtenu par ce procédé est d'environ 6 francs.

La Revue de chimie industrielle de 1898, page 91, cite encore la soie artificielle de Langhan.

Rudolph Langhan incorpore à la cellulose 33 pour 100 d'acide phosphorique renfermant un quart de son poids en acide sulfurique monohydraté, puis successivement différents autres mélanges des acides phosphorique et sulfurique. Après malaxage suffisant, le tout est transformé en un sirop facile à étirer en fils.

La Revue de chimie industrielle de 1900, page 54, cite encore un article du *Journal of the society of Dyers and Colourists* où Knecht parle d'un succédané de la soie obtenu par l'action de la formaldéhyde sur la gélatine.

Une solution de gélatine à consistance nettement définie est maintenue à une température uniforme et étirée en fils fins enroulés de façon continue. Ces fils sont soumis pendant plusieurs heures à l'action d'une atmosphère de formaldéhyde. Il se forme un composé ayant plus ou moins l'aspect de la soie, mais moins résistant.

Il a l'inconvénient de ne pas résister beaucoup à l'action de l'eau, il est insoluble dans les divers dissolvants et brûle à la façon de la soie naturelle.

Mertz, constructeur à Bâle (Suisse), s'est beaucoup occupé d'installations d'usines de soie artificielle et il a pris de nombreux brevets (nᵒˢ 184.855, 192.906, 240.528) pour des systèmes perfectionnés d'humecteurs d'air.

Si l'Angleterre, dit-il, a tenu longtemps la tête dans l'industrie textile, elle l'a dû à l'état hygrométrique de l'air, et il cite que pour la soie artificielle, il faut un état hygrométrique de 70 à 75 pour 100 ; aussi, pour y arriver, est-on obligé de pulvériser de l'eau sous forte pression.

Mertz a encore fait breveter sous le nᵒ 219.538 des filières multiples pour la filature des liquides, et sous le nᵒ 250.106 un séchoir.

Morane, constructeur français, rue Jenner, à Paris, qui a construit presque tout le matériel nécessaire aux usines de

Chardonnet, a pris plusieurs brevets se rapportant au matériel pour la fabrication de la soie artificielle. Ses recherches
ont porté surtout sur les appareils destinés à produire la
nitro-cellulose.

La Société Desmarais et Georges Morane et Denis vient
de faire breveter, sous le nº 342.655, le 26 avril 1904, un « dis·
positif pour le filtrage et la filature des collodions et des solutions de cellulose. »

La Société « Wickels Metallpapierwerke » a pris, le
11 juin 1904, le brevet 343.910 pour donner l' « apparence de
soie aux étoffes ».

On donne l'aspect de soie aux étoffes de coton, lin et
fibres végétales.

Pour cela on commence par apprêter avec de la colle ou de
l'empois d'amidon le tissu dans le but de boucher les pores,
puis on calandre pour rendre la surface bien unie.

Le tissu préparé est enduit d'une pellicule de collodion ou
vernis ou matière analogue imperméable à l'eau, la graisse,
l'alcool et autres et on laisse sécher.

Sur l'étoffe ainsi préparée on étend une solution de résine
rendue très fluide à l'aide d'un dissolvant convenable qui
après l'évaporation laisse une pellicule de résine.

Cette pellicule amollie par la chaleur, on répand sur le
tissu la poudre métallique qui s'y attache par imprégnation
dans la résine, et on fait passer entre les deux rouleaux de
la calandre.

Enfin deux derniers brevets français viennent d'être pris :

Nº 344.660, de Valette, pour un procédé de fabrication de
la soie artificielle ininflammable et inexplosible ;

Et nº 344.845, de Turgard, pour « fabrication de soie artificielle. »

Ces brevets ne sont pas encore publiés.

CONCLUSION

En me bornant à donner dans ce livre la description des brevets sans prendre parti pour tel ou tel procédé, j'ai voulu laisser à chacun des inventeurs ses responsabilités, et ne pas me mêler des controverses existant toujours au début d'une industrie nouvelle.

Je ne veux pas dire quelle est la meilleure soie artificielle, quelle est la société qui donnera les plus beaux résultats financiers. Cela n'est pas mon rôle.

Je me borne à faire connaître qu'il y a là une industrie nouvelle de très grand avenir, que des procédés nouveaux pourront surgir, et que le produit, susceptible tous les jours d'applications nouvelles, verra ses débouchés s'élargir.

Paris, le 3 novembre 1904.

TABLE DES MATIÈRES

EMILE COLIN, IMPRIMERIE DE LAGNY (S.-&-M.)

Encyclopédie Industrielle

Aérostation (Manuel d'), par de FON-VIELLE	5	»
Alcool (Fabric. de l'), ROBINET et CANU	3	»
Aluminium, par AD. MINET, 2 vol.		
Fabrication	4	50
Alliages, emplois récents	4	50
Ammoniaque (Fabr. de l'), par TRUCHOT	6	»
Architectes et Entrepreneurs (Carnet Formulaire des), par C. SÉE, cart.	4	50
Automobiles (Manuel du chauffeur-conducteur d'), par FARMAN	4	50
Automobiles (Manuel du construct. d') par M. FARMAN, avec atlas	9	»
Bière (Fabrication de la), par BOULIN	9	»
Bougies, Savons et Chandelles, par DROUX et LARUE, in-8 et atlas, cartonné. toile	20	»
Boulanger (Manuel pratique du), par E. FAVRAIS, 1 vol. in-8	12	»
Briquetier, Tuilier, par LEJEUNE	8	»
Catéchisme des Chauffeurs-Mécaniciens	1	50
Chaux, Ciments, Plâtres, par LEJEUNE	5	»
Chocolat (Fabr. du), par L. DE BELFORT	4	50
Conserves Alimentaires, par DE NOTTER	3	»
Cordes, Ficelles et Filins (Fabrication des), par ALF. RENOUARD	10	»
Corps gras, par VILLON	6	»
Couleurs, Essences et Vernis, par R. LEMOINE et CH. DU MANOIR, in-8	6	»
Distillateur (Manuel du), par ROBINET	5	»
Electricien (Man. prat. du monteur), par J. LAFFARGUE, 700 fig, 7e édition	10	»
Encres et Cirages (Fabrication des), par DESMAREST	5	»
Fécule et Amidon, par FRITSCH	6	»
Filets de pêche (Fabrication des), par VANNETELLE	3	»
Galvanoplastie, dorure, argenture, par BRUNEL	4	»
Laminage du Fer, par NEVEU et HENRY (1 vol. et atlas)	40	»
Meunerie (Man. de), par L. DE BELFORT	6	»
L'Or, par DE LA COUX	5	»
Parfumeur (Guide du), par ASKINSON	6	»
Prospecteur (Man. du), par ANDERSON	5	»
Savonnier (Manuel du), par CALMELS (26 fig.)	4	»
Soie (Fabr. de la), par VILLON (67 fig.)	6	»
Sondages (Petit traité de), par E. LIPPMANN	4	50
Sonneries électriques, par G. FOURNIER	2	50
Sucre (Manuel du fabr. de), par BOULIN	6	»
Teinturier (Manuel pratique du), par J. HUMMEL et F. DOMMER	7	50
Vernis (Manuel du fabricant de), par CH. COFFIGNIER	5	»
Vinaigre (Fabr. du), par CH. FRANCHE	4	50
Vins rouges, vins blancs, etc., par ROBINET	5	»
Vins Mousseux, par ROBINET	5	»
Vins (Analyse des), par ROBINET	5	»

Petite Encyclopédie d'Agriculture

Publiée sous la direction de M. A. LARBALÉTRIER, Professeur à l'École d'agriculture de Grand-Jouan.

En 12 volumes illustrés

1. Les Engrais	1	50
2. Le Drainage	1	50
3. L'élevage du Bétail	1	50
4. Le Jardinage. — Légumes et fleurs	1	50
5. Le Lait, le Beurre et le Fromage	3	»
6. Constructions rurales, Machines agricoles	1	50
7. Les Céréales et les Fourrages	1	50
8. Les Arbres fruitiers de la Vigne	3	»
9. Le Cidre et le Poiré	1	50
10. Les Volailles, Lapins et Abeilles	1	50
11. Conservation des aliments, fruits, légumes, viandes, etc.	3	»
12. Distilleries agricoles. Fabrication de l'alcool	3	»

Manuel Encyclopédique du Mécanicien

8 volumes in-16 avec 800 figures dans le texte, par M. Georges FRANCHE, ingénieur-mécanicien. (Arts et Métiers, E. C. P.)

1re Partie.	—	Mécanique générale	2 fr.
2e	—	Outils, Machines-Outils	2 fr.
3e	—	Forge, Fonderie	2 fr.
4e	—	Engrenages, Transmissions	2 fr.
5e	—	Boulets, Rivets, Chaudronnerie	2 fr.
6e	—	Machines à vapeur	2 fr.
7e	—	Moteurs à gaz, pétrole et alcool	2 fr.
8e	—	Hydraulique	2 fr.
La collection reliée en 1 volume			15 »

Encyclopédie de l'Amateur Photographe

Par MM. BRUNEL, CHAUX, FORESTIER et REYNER

1. Choix du matériel. Installation du laboratoire	2	»
2. Le Sujet. Mise au point. Temps de pose	2	»
3. Les clichés négatifs	2	»
4. Les épreuves positives	2	»
5. Les insuccès et la retouche	2	»
6. La Photographie en plein air	2	»
7. Le portrait dans les appartements	2	»
8. Les agrandissements et les projections	2	»
9. Les objectifs et la stéréoscopie	2	»
10. La photographie en couleurs	2	»
La collection dans un élégant étui		20